ünter, der innere
chweinehund, für
chüler. Günter, de
nnere Schweinehu
ür Schüler. Günter
er innere Schwei-
ehund, für Schüle
ünter, der innere
chweinehund, fü

Günter, der innere Schweinehund, für Schüler

Ein tierisches Motivationsbuch
von Stefan Frädrich
Illustriert
von Timo Wuerz

GABAL Mentor

Bibliografische Information der Deutschen Bibliothek

Die Deutsche Bibliothek verzeichnet diese Publikation in der Deutschen Nationalbibliografie; detaillierte bibliografische Informationen sind im Internet über http://dnb.ddb.de abrufbar.

ISBN 978-3-89749-583-8

6. Auflage 2013

Lektorat: Ute Flockenhaus, Fischerhude
Umschlaggestaltung: +malsy Kommunikation und Gestaltung, Willich
Illustrationen: Timo Wuerz, Hamburg
Satz und Layout: Das Herstellungsbüro, Hamburg, www.buch-herstellungsbuero.de
Druck und Bindung: Salzland Druck, Staßfurt

www.gabal-verlag.de – Wissen für mehr Erfolg

Abonnieren Sie unseren Newsletter unter:
www.gabal-verlag.de

Der schlaue Spruch, bevor es losgeht:

Wo kämen wir hin, wenn alle sagten, wo kämen wir hin, und niemand ginge, um einmal zu schauen, wohin man käme, wenn man ginge.

Kurt Marti

Ein fettes Dankeschön geht an Jerome Braun von der Mentor Stiftung für seine guten Ideen und tatkräftige Unterstützung, Ute Flockenhaus und Timo Wuerz für die vorzügliche Zusammenarbeit, Natascha Hammel und Franz Flockenhaus für ihr kritisches Lektorat aus der Sicht Jugendlicher, Gim Killian und Christina Frädrich fürs konstruktive Probelesen aus Erwachsenensicht und ganz besonders an meine Mutter Rita Frädrich, die mich während der Wirren meiner eigenen Pubertät und Selbstfindung stets tapfer und liebevoll ertragen hat.

Günter ist dein innerer Schweinehund. Er lebt in deinem Kopf und gibt dir manchmal falsche Ratschläge.

1. Günter, der innere Schweinehund

Das ist Günter. Günter ist dein innerer Schweinehund. Er lebt in deinem Kopf und bewahrt dich vor allem Übel dieser Welt. Immer, wenn du etwas Neues lernen oder dich mal anstrengen musst, ist Günter zur Stelle: »Lass das sein!«, sagt er dann, »Das ist viel zu mühsam!« oder »Das schaffst du sowieso nicht!«. Innere Schweinehunde sind nämlich furchtbar faul. Und weil Günter denkt, dass du genauso schweinehundefaul bist wie er, will er dich mit seinen Ratschlägen vor unnützer Mühe beschützen. Ist das nicht nett von ihm?

Dumm nur, dass Günters Faulheit oft Ärger macht. Dann streitest du dich zum Beispiel mit deinen Freunden, weil Günter dir erzählt: »Du bist immer im Recht!« Oder du hast keine Lust aufs Lernen, weil Günter dich ablenkt: »Ist das langweilig! Ich will lieber fernsehen …« Oder du traust dich nicht, deine Meinung zu sagen, weil Günter dir einredet: »Du hast sowieso keine Ahnung!« Und das ist dann weniger nett.

Günter ist dein Freund. Er will, dass es dir gut geht. Nur weiß er oft nicht, was wirklich gut für dich ist.

2. Günter ist dein Freund

Seitdem du auf der Welt bist, ist Günter bei dir. Früher war er noch ein Ferkelwelpe. Und während eurer gemeinsamen Jahre habt ihr einiges zusammen erlebt: Ihr hattet viel Spaß, habt so manches Mal etwas angestellt und seid zusammen in die Schule gekommen. Bei alldem war Günter mit dabei. So wurde er über die Jahre zu einem sehr guten Freund.

Günter meint es also gut mit dir. Deswegen gibt er dir den ganzen Tag lang Ratschläge: »Schnell zum Handy, eine wichtige SMS!« oder »Lernen? Lieber morgen!«. Günter will nämlich, dass es dir gut geht, denn dann geht es auch Günter gut. Doch manchmal sind seine Ratschläge falsch – zum Beispiel wenn dich die SMS eigentlich ablenkt oder du dringend lernen müsstest. Und wenn du etwas tun willst, was er noch nicht kennt oder ihm zu anstrengend erscheint, motzt Günter gerne: »Vorsicht, Arbeit!« So ist er eben.

Günter plappert gerne nach, was andere ihm vorplappern. Nur:

Deine Vorbilder haben nicht immer Recht!

3. Günters Vorbilder

Vielleicht fragst du dich, woher Günter wissen will, was gut für dich ist. Ganz einfach: von anderen Leuten! Weil Schweinehunde nämlich zu faul zum Selberdenken sind, plappern sie gerne nach, was andere ihnen vorplappern. Und es gibt sehr viele, die Günter mit ihren Ansichten gefüttert haben: deine Eltern und Geschwister, deine Großeltern, Tanten und Onkel, deine Freunde und Lehrer, das Fernsehen, Radio, Kino und die Werbung. Also berät dich Günter mit schlauen Sprüchen, die gar nicht von ihm selbst stammen: »Erwachsene haben immer Recht!«, »Andrea ist doof!«, »Mathe ist wichtig!« und »Saufen ist cool!«.

Dumm nur, dass die anderen Leute nicht immer wissen können, was für dich richtig ist. Denn auch Erwachsene haben mal Unrecht, Andrea ist vielleicht sehr nett, anstatt Mathe magst du lieber Englisch und Alkohol macht blöd. Weil Günter aber so leicht zu beeinflussen ist, wirst du manchmal unsicher: Was ist richtig, was ist falsch? Und wem sollst du glauben: dir selbst oder deinen Vorbildern?

Jeder Mensch sieht die Welt ein bisschen anders. Also ist es vollkommen okay, wenn du die Welt auf deine eigene Weise siehst!

4. Die Welt ist für jeden anders

Menschen glauben an das, was man ihnen erzählt oder was sie selbst immer wieder erleben: Der FC Bayern ist besser als Schalke 04, Hip-Hop klingt besser als Rock und du isst vielleicht lieber Pizza als Sauerbraten – denn deine Kumpels sind Bayern-Fans, deine ältere Schwester feiert gerne in Hip-Hop-Clubs und deine Eltern gehen mit dir zum Italiener. So weit, so gut. Andere Menschen aber glauben genau das Gegenteil: Sie lieben Schalke, Rock und Sauerbraten. Warum nur? Weil man ihren inneren Schweinehunden etwas ganz anderes erzählt hat!

Da jeder Mensch unterschiedliche Erfahrungen macht, erlebt jeder die Welt auf seine eigene Weise – und jeder hat mit seiner eigenen Weltsicht Recht. Also musst du nicht immer stur auf Günter hören! Denn wenn du dich auf das konzentrierst, was wirklich gut für dich ist, bestimmst du dein Leben selbst – und überlässt das nicht falschen Vorbildern. Oder Günter.

Tipps

viele Menschen sind glücklich,
gesund und erfolgreich. sie
können Günter gute Tipps geben.

5. Ein Paar gute Tipps

Wahrscheinlich fragst du dich, woher du immer wissen sollst, was gut für dich ist. Eine clevere Möglichkeit ist es, einfach die richtigen Leute zu fragen! Es gibt schließlich sehr viele Menschen auf der Welt, die es zu etwas gebracht haben. Sie sind glücklich, gesund und erfolgreich. Anscheinend wissen sie also, wie man mit inneren Schweinehunden umgeht. Bestimmt haben sie auch für Günter ein paar gute Tipps.

In diesem Buch stehen lauter solche guten Tipps. Sie stammen von Leuten, die sich damit auskennen. Wenn du einige Tipps in die Tat umsetzt, wirst du bald lauter Erfolge feiern können: bessere Schulnoten, weniger Stress, mehr Selbstbewusstsein, friedliche Eltern und mehr Spaß mit deinen Freundinnen und Freunden. Und auch Günter wird dann sehr zufrieden sein.

Wenn Günter ein paar dieser Tipps umsetzt, wird dein Leben viel besser laufen.

6. Alles wird besser

»Glücklich? Gesund? Erfolgreich?«, fragt sich Günter. »Aber warum denn?« Nun, wäre es nicht schön, wenn dein Leben jeden Tag ein bisschen besser würde? Stell dir mal vor: weniger streiten, mehr Zeit haben, schneller lernen können, wirklich gute Freunde haben ... Bestimmt gibt es viele gute Ideen, die du noch nicht kennst und die dir das Leben erleichtern.

»Ach, ich weiß nicht ...« Typisch Günter! Er wittert neue Erkenntnisse. Und das ist ihm nicht geheuer. Doch zum Glück ist Günter noch ein ziemlich junger Schweinehund – obwohl er längst kein kleiner Ferkelwelpe mehr ist. Denn wenn sie ausgewachsen sind, werden innere Schweinehunde oft dick und fett und faul und träge. Besser also, man bringt ihnen die richtigen Tipps so früh wie möglich bei. Dann muss man später nicht mühsam gegen sie kämpfen, sondern kann prima mit ihnen zusammenarbeiten.

Die vier wichtigen Lebensbereiche:

1) Wie gehst du mit dir selbst um?

2) Wie gehst du mit anderen um?

3) Wie erledigst du deine Pflichten?

4) Wie verbringst du deine Freizeit?

7. Die vier wichtigen Lebensbereiche

»Wo soll sich dein Leben denn verbessern?«, fragt Günter nun. Ganz einfach, in deinen vier wichtigen Lebensbereichen: im Umgang mit dir selbst, im Umgang mit anderen Menschen, bei deinen Pflichten und in deiner Freizeit.

Also erstens: Wer bist du? Wie siehst du die Welt? Was kannst du besonders gut? Und was willst du in deinem Leben erreichen? Zweitens: Wie gehst du mit anderen Menschen um? Hast du gute Freunde? Wie verhältst du dich bei Konflikten? Und wie bekommst du von anderen, was du willst? Drittens: Wie gehst du deine Pflichten an? Was kannst du tun, damit dir zum Beispiel das Lernen leichter fällt, du mehr Zeit hast und deine Ziele erreichst? Und viertens: Wie verbringst du deine Freizeit? Was hilft dir dabei, dich gut zu fühlen? Wie bleibst du gesund? Und wie wirst du nicht zum Konsum-Trottel oder zur Drogen-Dumpfbacke? Wenn Günter darüber Bescheid weiß, hast du dein Leben im Griff. Und nicht das Leben dich.

Wer sich nicht weiterentwickelt, entwickelt sich zurück.

8. Stillstand ist Rückschritt

»So ein Schwachsinn!«, schimpft Günter. »Du bist, wie du bist, daran kannst du nichts ändern. Und mit manchen Idioten hast du nun mal Stress. Warum sollte das anders werden? Schule und Pflichten sind lästig, und deine Freizeit verbringst du, wie du willst: vor dem Fernseher, beim Abhängen mit den Kumpels oder bei McDick. Was soll daran falsch sein?« Ganz einfach: die langfristige Perspektive!

Stell dir mal zwei Schüler vor: Einer weiß, was er will und gut kann, und versucht sich dabei ständig zu verbessern. Er hat ein paar coole Ziele, versteht sich prima mit anderen Menschen und probiert gerne etwas Neues aus: zum Beispiel beim Sport, in tollen Vereinen oder beim Lesen spannender Bücher. Der andere dagegen hört meist auf seinen Günter: »Bleib, wie du bist! Andere Menschen sind egal! Lernen ist lästig! Und Computerspiele vertreiben dir die Zeit!« Was glaubst du, wer von beiden nach zehn Jahren mehr drauf hat?

Wer sich
jeden Tag ein bisschen
verbessert,
kann im Leben viel
erreichen.

9. Jeden Tag etwas Neues

Was würde wohl geschehen, wenn du jeden Tag deines Lebens etwas Neues dazulerntest – Woche für Woche, Monat für Monat und Jahr für Jahr? Klar: Du würdest dabei immer schlauer werden! So hättest du schon bald immer mehr Erfolg, und in Zukunft könntest du genau so leben, wie du es dir heute wünschst: als Tierärztin, Ingenieur, Schuhgeschäftsbesitzerin oder Designer. Du hättest eine glückliche Familie, ein tolles Auto und vielleicht sogar dein eigenes Haus. Außerdem wärst du rundum zufrieden. Und wem würde all das ziemlich gut gefallen? Richtig: Günter!

»Moment, Moment!«, Günter denkt nach. »Wenn du also ein paar schlaue Tipps befolgst, kommst du im Leben besser voran?« Ganz genau. »Und wenn auch ich diese Tipps kenne, dann kann ich dir dabei helfen, anstatt dich zu behindern?« Bingo! Ist er nicht ein echter Freund, dieser Schweinehund?

Gut gemacht!

Du Trottel!

Du Trulla!

Das kriegst du schon hin!

Mach dir in deinem inneren Selbstgespräch Mut!

10. Das innere Selbstgespräch

»Aber wie hat man denn Erfolg? Wie geht das?« Zunächst solltest du lernen, an dich selbst zu glauben. Und das beginnt damit, dass du richtig mit dir sprichst. Die meisten Menschen sprechen nämlich in Gedanken mit sich selbst. Sie führen sozusagen ein Selbstgespräch mit ihren inneren Schweinehunden. Und das hört sich oft sehr unhöflich an: »Das kannst du nicht!« oder »Das schaffst du nicht!«. Manche beschimpfen sich sogar richtig: »Du Trottel! Was machst du wieder?« oder »Du Trulla, du bist so dumm!«. Klar: So macht man sich nur selbst fertig.

Erfolgreiche Leute dagegen machen sich in ihrem inneren Selbstgespräch gerne Mut. Anstatt in Selbstzweifeln zu baden, sagen sie sich lieber: »Das kriegst du schon hin!«, oder sie loben sich für ihre Erfolge: »Gut gemacht!« Und wenn es mal nicht so läuft, lassen sie sich trotzdem nicht unterkriegen: »Morgen wird es bestimmt besser!« Oder sie trösten sich, indem sie sich sagen: »Du hast zumindest dein Bestes gegeben!« So wird Günter zum Kumpel. Und nicht zum Klotz.

Erste Zusamme
(für interessierte Schweinehunde)

Günter ist dein innerer Schweinehund. Er lebt in deinem Kopf und gibt dir manchmal falsche Ratschläge.

Günter ist dein Freund. Er will, dass es dir gut geht. Nur weiß er oft nicht, was wirklich gut für dich ist.

Günter plappert gerne nach, was andere ihm vorplappern. Nur: Deine Vorbilder haben nicht immer Recht!

Jeder Mensch sieht die Welt ein bisschen anders. Also ist es vollkommen okay, wenn du die Welt auf deine eigene Weise siehst!

Viele Menschen sind glücklich, gesund und erfolgreich. Sie können Günter gute Tipps geben.

fassung

Wenn Günter ein paar dieser Tipps umsetzt, wird dein Leben viel besser laufen.

Die vier wichtigen Lebensbereiche:
1) Wie gehst du mit dir selbst um?
2) Wie gehst du mit anderen um?
3) Wie erledigst du deine Pflichten?
4) Wie verbringst du deine Freizeit?

Wer sich nicht weiterentwickelt, entwickelt sich zurück.

Wer sich jeden Tag ein bisschen verbessert, kann im Leben viel erreichen.

Mach dir in deinem inneren Selbstgespräch Mut!

Gedanken steuern Gefühle. Wenn man schlecht drauf ist, sind die eigenen Gedanken oft die Ursache.

11. unglücklich?

Manche Menschen sind ständig unglücklich, denn sie finden selbst dann einen Grund zum Jammern, wenn es ihnen eigentlich gut geht: An herrlichen Sommertagen motzen sie über die Sonnenbrandgefahr, im Herbst über den Regen, im Winter über die Kälte und im Frühling über den Pollenflug. Man möchte sie manchmal schütteln und fragen: »Wie kann man sich nur selbst so fertig machen?« Ganz klar: Indem man falsch mit Günter spricht!

Denkst du manchmal Sätze wie »Das regt mich tierisch auf!« oder »Das macht mich echt fertig!«? Dann tust du dabei so, als hingen deine Gefühle nur von der Außenwelt ab. Doch das ist falsch, denn in Wirklichkeit steuern deine Gedanken deine Gefühle! Oder besser gesagt: Günter. Schon William Shakespeare (1564–1616) hat gesagt: »Denn nichts ist gut oder schlecht, das nicht erst unser Denken dazu macht.« Wenn es dir also das nächste Mal schlecht geht, frag dich doch erst mal: Steckt wieder Günter dahinter?

Wir können selbst entscheiden, welche Sichtweisen wir einnehmen wollen. Günter findet dafür lauter gute Gründe.

12. Die Gedankenspirale

Die meisten Dinge auf der Welt kann man auf mehrere Arten betrachten: Ist ein Glas halb leer oder halb voll? Oder schmeckt Salat fade oder frisch? Natürlich beides! Aber sobald man sich auf eine Sichtweise festgelegt hat, fängt Günter an, dafür Gründe zu sammeln: Der Salat schmeckt fade, weil Günter es lieber deftig mag und er gerade Braten mit Soße gegessen hat. Oder eben frisch, weil Salat kalt serviert wird, beim Beißen so schön knackt und das Dressing leicht säuerlich ist.

Wenn wir uns also für eine Sichtweise entscheiden, finden wir dafür auch lauter gute Gründe. Das ist ziemlich praktisch: Denn so können wir selbst bestimmen, woran wir glauben wollen. Also glauben wir doch immer an das, was gut für uns ist! Günter kommt dann in eine Gedankenspirale, die unsere Sichtweise rechtfertigt. Und dann betet er uns vor, warum wir mit unserer Entscheidung Recht hatten: Der Salat liegt nicht so schwer im Magen, hat viele Vitamine, hält schlank und gesund – und, und, und …

In jeder Situation steckt etwas Gutes.
Es ist besser, immer nach dem Guten zu
suchen, anstatt herumzujammern!

13. Autosuggestion und positives Denken

»Ich kann dir also dabei helfen, dich auf eine bestimmte Sichtweise zu konzentrieren?«, wundert sich Günter. Ganz genau! Psychologen nennen das Autosuggestion. Am besten entscheiden wir uns immer für eine Sichtweise, die uns nützlich ist, und nicht für eine, die uns fertig macht: Wenn es draußen zum Beispiel regnet, können wir das schlechte Wetter einfach akzeptieren, anstatt sinnlos herumzujammern.

Mit einem kleinen Trick können wir uns darüber sogar freuen! Fragen wir uns doch einfach: »Was ist das Gute an dieser Situation?« Denn in allem steckt eine gute Seite – obwohl man manchmal erst nach ihr suchen muss. Vielleicht, dass wir gemütlich zu Hause bleiben können? Oder dass die Pflanzen Wasser kriegen? Oder, oder, oder ... So kommt Günter in seine positive Gedankenspirale und wir in eine bessere Stimmung. Also: »Was für ein Glück, dass es regnet!« Obwohl wir uns fast darüber geärgert hätten. Das nennt man dann positives Denken. Übrigens kann man seine Stimmung gut steuern, indem man seine Gefühle aufschreibt – wie in einem Tagebuch. So überlegt man nämlich genau, was welche Bedeutung bekommen soll.

Oft ist Günter
zu feige für
die Wahrheit.
Dann betrügst
du dich selbst.

14. Vorsicht, Selbstbetrug!

Du merkst schon: Es kommt eigentlich nur darauf an, wie du die Welt sehen willst. Und schon kannst du dich in fast jeder Situation gut fühlen! Egal, ob es »nur« ums Wetter geht, um deine Versetzung in die nächste Klasse oder darum, dass du dir ein Bein gebrochen hast. Alles hat auch eine gute Seite.

Aber Achtung: Manche Menschen konzentrieren sich so sehr auf die guten Seiten, dass sie die schlechten völlig übersehen. Und das ist dann kein positives Denken mehr, sondern Selbstbetrug. Eigentlich sollten sie endlich mit dem Rauchen aufhören, können sich aber nicht dazu motivieren? Dann redet Günter ihnen ein, dass sie die Kippen genießen: »Alles halb so wild!« Dabei haben sie ständig ein schlechtes Gewissen ... Oder sie sollten sich öfter mal trauen, ihre eigene Meinung zu sagen? Dann plappert er ihnen vor, dass die anderen meist Recht haben: »Halt du bloß deine Klappe!« Dabei ist Günter nur mal wieder zu feige ...

sei ehrlich zu dir selbst!
Bringt dich deine Sichtweise
langfristig weiter? Und
achtest du dabei auf deine
Gefühle?

15. Sei ehrlich zu dir selbst!

»Betrachte alles von der schönen Seite, aber belüg dich dabei nicht selbst!«

Richtig, Günter. »Aber woher willst du wissen, ob du dich belügst?« Indem du ehrlich zu dir selbst bist! Meist wissen innere Schweinehunde nämlich ganz genau, was eigentlich richtig und falsch wäre. Nur geben sie es nicht zu …

Am besten helfen dir dabei zwei Fragen. Erstens: »Bringt mich diese Sichtweise langfristig weiter?« Hören zum Beispiel Raucher tatsächlich mit dem Rauchen auf, solange sie sich einreden, dass sie die Kippen genießen? Wahrscheinlich nicht – obwohl sie eigentlich aufhören wollen … Also betrügen sie sich selbst! Und zweitens: »Hast du bei deiner Sichtweise wirklich ein gutes Gefühl?« Oder ärgerst du dich vielleicht insgeheim? Zum Beispiel weil du dich wieder nicht traust, deine Meinung zu sagen … Also auch ein Selbstbetrug!

Unsere Gefühle bestimmen, was wir tun!

16. Wozu Gefühle?

»Gefühle, Gefühle ...«, stänkert Günter. »So ein Quatsch, der Verstand ist viel wichtiger als Gefühle!« Ob Günter damit Recht hat?

Wir essen, weil es schmeckt und satt macht. Wir lernen, weil es sich besser anfühlt, eine Prüfung zu bestehen, als durchzufallen. Und wir spielen umso lieber, je mehr Spaß wir dabei haben. Also bestimmen lauter Gefühle, was wir tun. Eigentlich tun wir alles, was wir tun, nur, um dadurch hinterher ein besseres Gefühl zu bekommen!

Manchen Schweinehunden hat man aber beigebracht, dass sie keine Gefühle beachten, sondern nur auf den Verstand hören sollen. Deshalb schimpfen sie darüber, wenn jemand Gefühle für wichtig hält, denn dann geht es ihnen hinterher besser ... Also hören auch sie nur auf ihre Gefühle! Schon wieder ein Selbstbetrug, lieber Günter.

Lachen singen Purzelbäume sch

Alle Menschen suchen ihr Glück.

17. Was ist Glück?

»Also wollen sich Menschen immer so gut wie möglich fühlen?« Aber klar! Menschen sind immer auf der Suche nach ihrem Glück. »Aber was ist das, Glück?«, will Günter wissen.

Glück ist das Gefühl, das du hast, wenn es dir richtig gut geht. Dabei kannst du lachen, grinsen, singen, Purzelbäume schlagen und dich richtig lebendig fühlen. Und wann geht es dir so? Immer dann, wenn du etwas tun darfst, was dir Spaß macht – wie Fußball spielen, quatschen oder malen und manchmal sogar lernen (dazu später mehr)! Aber auch in anderen Situationen bist du gut drauf: zum Beispiel wenn du mit netten und glücklichen Leuten zusammen bist, wenn du richtig feierst, wenn du gesund bist und keine Sorgen hast, wenn man dich liebt und beachtet, wenn du dich intensiv um andere kümmerst und die Dinge von der schönen Seite siehst – und, und, und ... Denn immer dann hat Günter gute Laune.

Es gibt drei Wege zum Glück:

Love it,

change it

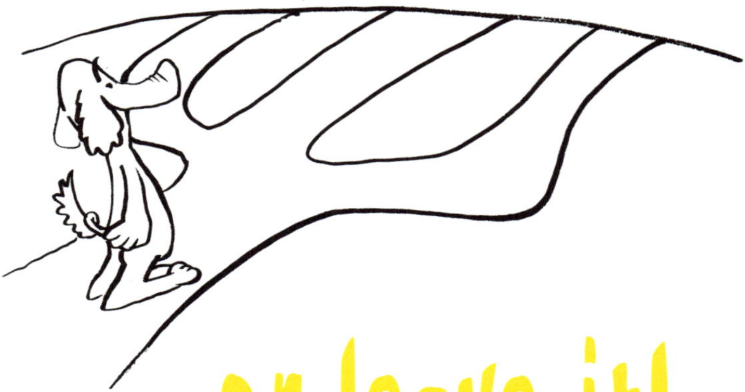

or leave it!

18. Love it, change it or leave it!

Wenn man das Glück von der praktischen Seite betrachtet, gibt es eigentlich nur drei Wege, um glücklich zu sein: Entweder du liebst das, was du tust. Oder du veränderst es. Oder du suchst dir etwas Neues. Auf Englisch: Love it, change it or leave it!

Wenn du im Großen und Ganzen zufrieden bist, herzlichen Glückwunsch! Lass dich nicht von Günter ärgern. Er neigt dazu, zu zaudern, zu zweifeln und alles, was eigentlich gut ist, unnütz zu hinterfragen. Dabei ist alles in Ordnung. Also: Love it! Wenn du aber öfters mal unzufrieden bist und du etwas an der unbefriedigenden Situation verändern kannst, dann verändere es! Am besten sofort. Danach wird es dir besser gehen. Also: Change it! Und wenn du deine Situation weder lieben noch verändern kannst, dann geh weiter und such dir etwas Neues! Also: Leave it!

In allen anderen Fällen hast du immer noch die Wahl, mit welcher inneren Einstellung du dich deinem Schicksal stellen willst. Aber das hatten wir ja schon …

Wenn du deine Probleme löst,
kannst du dich deinen Träumen
und Wünschen widmen.

19. Bist du glücklich?

Und? Bist du glücklich? Oder gibt es da etwas, das dir ständig auf die Nerven geht oder dich immer wieder traurig macht? Vielleicht einen unfairen Lehrer? Zoff mit den Eltern? Streit im Freundeskreis? Ein doofes Fach in der Schule? Zu wenig Taschengeld? Dann solltest du darüber nachdenken, warum das so ist, und das zugrunde liegende Problem lösen: offen mit dem Lehrer sprechen (und dir zur Not dabei Hilfe holen), den Streit mit deinen Eltern klären (und dir vielleicht ebenfalls Hilfe holen), dich mit deinen Freunden versöhnen (die dafür möglicherweise deine Hilfe brauchen), besser lernen, ein wenig sparen oder mehr Taschengeld verdienen (dir also selbst helfen). Du merkst schon: eigentlich kein Hexenwerk!

»Ob du das auch wirklich schaffst?« Mensch, Günter, trau dir doch mal was zu! Schließlich willst du nicht ständig Probleme wälzen. Wäre es nicht schöner, stattdessen all deine Träume und Wünsche zu verwirklichen? »Oh, ja …«, träumt Günter, »das wäre schön!«

Träume werden oft Wirklichkeit. Deshalb träume, was du willst!

20. Deine Träume

Günter soll dir also Mut machen. Das ist besonders wichtig bei deinen Träumen und Wünschen. Denn wenn du es richtig anstellst, können sie Wirklichkeit werden! Viele »Erwachsene« glauben nicht mehr an ihre Träume. Das ist schade. Und sogar falsch! Denn die meisten Dinge auf der Welt gibt es nur deshalb, weil Menschen vorher davon geträumt haben: Bücher, Glühbirnen, Fußballstadien, Konzerte oder Moskitonetze – immer mussten zunächst innere Schweinehunde beim Träumen helfen. Und dann erst konnte aus Träumen Wirklichkeit werden.

Also: Wovon träumst du? Was wünschst du dir? Gute Spiele? Ein Haustier? Echte Freunde? Eine glückliche Familie? Bessere Noten? Gerechte Lehrer? Ein schlaues Buch? Coole Klamotten? Mehr Taschengeld? Bessere Fernsehsendungen? Einen Computer? Frieden und Gerechtigkeit? Ein sinnvolles Leben? Einen spannenden Beruf?

Schreib doch mal all deine Träume und Wünsche auf ein Blatt Papier! Am besten untereinander in einer Liste. Bestimmt kommt einiges zusammen.

Zweite Zusamm
(für gut gelaunte Schweinehunde)

Gedanken steuern Gefühle. Wenn man schlecht drauf ist, sind die eigenen Gedanken oft die Ursache.

Wir können selbst entscheiden, welche Sichtweisen wir einnehmen wollen. Günter findet dafür lauter gute Gründe.

In jeder Situation steckt etwas Gutes. Es ist besser, immer nach dem Guten zu suchen, anstatt herumzujammern!

Oft ist Günter zu feige für die Wahrheit. Dann betrügst du dich selbst.

Sei ehrlich zu dir selbst! Bringt dich deine Sichtweise langfristig weiter? Und achtest du dabei auf deine Gefühle?

enfassung

Unsere Gefühle bestimmen, was wir tun!

Alle Menschen suchen ihr Glück.

Es gibt drei Wege zum Glück:
Love it, change it or leave it!

Wenn du deine Probleme löst, kannst du dich deinen Träumen und Wünschen widmen.

Träume werden oft Wirklichkeit. Deshalb träume, was du willst!

Wer seine Träume kennt und auf sie
hinarbeitet, kann sie auch erreichen.

21. Das Leben ist ein Abenteuer

Du hast deine Träume auf eine Liste geschrieben. Jetzt schau dir die Liste genau an und überleg dir bei jedem einzelnen Wunsch, in welchem Zeitraum du ihn verwirklichen kannst. Du willst einen lästigen Streit beenden? Das geht schnell: Am besten schafft ihr euer Problem noch heute aus der Welt! Du willst ein neues Fahrrad haben? Das dauert wohl etwas länger: vielleicht bis Weihnachten oder bis du das Geld dafür zusammenhast. Du willst Astronaut(in) werden? Auch das ist möglich! Nur ist der Weg dahin eben noch ein ganzes Stück weiter. Informiere dich, wie andere Menschen Astronauten geworden sind. Und dann mach es ihnen nach!

Du merkst schon: Viele Wünsche und Träume können in Erfüllung gehen. Dafür muss man sie nur kennen und sich in ihre Richtung bewegen. Dann vergeht ein bisschen Zeit (manchmal auch etwas mehr) und dein Wunsch ist Wirklichkeit. Also betrachte dein Leben doch als ein großartiges Abenteuer, in dem du erleben darfst, was du willst!

Auch bei „exotischen" Träumen:
Probieren geht über studieren!

22. Ausprobieren!

Vielleicht hast du auf deiner Liste auch ein paar Träume, die Günter mal im Fernsehen aufgeschnappt hat. Zum Beispiel wenn du Popstar, Bundesligaprofi oder Schauspieler(in) werden willst. Aber passen diese Träume überhaupt zu dir? Oder plappert Günter wieder nur nach, was ihm andere vorgeplappert haben? Also: Kannst du wirklich gut singen, kicken oder schauspielern? Am besten probierst du es einfach aus!

Wo kannst du das Singen üben? Unter der Dusche, in einer Band oder im Chor? Ausprobieren! Wo kannst du gut gegen den Ball treten? Im Schulsport, auf der Straße oder im Fußballverein? Ausprobieren! Und wie kannst du dein Schauspieltalent testen? In der Schul-Theatergruppe, beim Präsentieren vor der Klasse oder indem du ein eigenes Video drehst? Ausprobieren! Vielleicht wirst du ja wirklich Popstar, Bundesligaprofi oder Schauspieler(in)? Günter hin oder her.

Jeder Mensch hat Stärken und Schwächen.

Welche Stärken hast du?

23. Jeder Schweinehund ist anders

Möglicherweise stellst du bald fest, dass einige Träume besser zu dir passen als andere. Sehr gut! Schließlich wäre es ziemlich doof, wenn alle Menschen genau die gleichen Wünsche und Fähigkeiten hätten. Stell dir mal vor, es gäbe sechs Milliarden Robbie Williams auf der Welt ... Wenn du also nicht so gut singen, kicken oder schauspielern kannst, macht das nichts. Dafür kannst du bestimmt etwas anderes: vielleicht geschickt mit deinen Händen arbeiten? Oder gut zeichnen, rechnen, sprechen, nachdenken oder zuhören? Denn jeder Schweinehund ist anders. Und jeder hat seine Stärken und Schwächen.

Also: Was kannst du besonders gut? Wo liegen deine Stärken? »Deine Stärken?«, grübelt Günter. »Keine Ahnung!« Ja, oft fällt es gar nicht so leicht, darauf zu antworten. Denn viele kennen ihre Stärken überhaupt nicht! Die eigenen Schwächen dagegen kennt fast jeder. Schließlich liegt einem damit gerne jemand in den Ohren: »Dies machst du falsch!« und »Das machst du falsch!«. Kein Wunder also, dass man oft besser weiß, was man nicht kann, als das, was man gut kann ...

Es ist wichtiger, seine Stärken zu stärken, als seine Schwächen auszumerzen.

24. Stärken stärken

Weil Günter genau weiß, was du nicht so gut kannst, betet er es dir gerne vor: »Dies kannst du nicht!« und »Das kannst du nicht!«. Wahrscheinlich soll dich das dazu motivieren, deine Schwächen auszumerzen: »Schlecht in Mathe? Lernen!«, »Mies beim Singen? Üben!«. Und so weiter. Doch leider untergräbt Günter damit dein Selbstbewusstsein, weil du so ständig darüber nachdenkst, wie unfähig du bist.

Die meisten erfolgreichen Leute machen es genau andersherum: Anstatt sich auf ihre Schwächen zu konzentrieren, entwickeln sie ihre Stärken weiter. Sie fördern das, was sie besonders gut können. Deswegen ist Robbie Williams ein super Sänger geworden und nicht etwa Mathelehrer – während viele Mathelehrer vermutlich keine so guten Sänger sind, aber dafür prima rechnen können. Doch sowohl Robbie Williams als auch die meisten Mathelehrer waren nicht von Anfang an so gut. Sie alle haben ihre Stärken erst einmal erkennen müssen. Und dann haben sie sie geübt – nur hat der eine eben gesungen und der andere gerechnet.

Es gibt sieben verschiedene Arten von Intelligenz:

die sprachliche,
die logische ...

25. Lauter Intelligenz

»Du kannst doch Robbie Williams nicht mit Mathelehrern vergleichen!«, schimpft Günter. »Die sind doch ganz unterschiedlich.« Damit hat Günter natürlich Recht. Aber warum? Weil Menschen verschieden sind! Und weil sie verschiedene Intelligenzen haben ... »Intelligenzen?« Genau: Stärken, Talente und Fähigkeiten! Und weil Menschen so verschieden sind, haben sie verschiedene Arten von Intelligenz. Es gibt mindestens sieben solcher Intelligenzen: die sprachliche Intelligenz, die logische, die räumliche, die musikalische, die körperliche, die zwischenmenschliche und die Selbst-Intelligenz!

Die sprachlich Intelligenten können gut mit Worten umgehen. Es fällt ihnen so leicht, zu sprechen, zu schreiben und zu formulieren, dass sie zum Beispiel Journalisten, Übersetzer oder Radio-Sprecher werden. Die logisch Intelligenten dagegen lieben es, alles Mögliche zu analysieren und zu berechnen. Sie werden daher gerne Naturwissenschaftler (wie Biologen, Chemiker, Physiker) oder Kaufleute (weil sie in der Wirtschaft ganz viel berechnen dürfen). Oder aber sie werden Mathelehrer.

… die räumliche,
die musikalische,
die körperliche,
die zwischenmenschliche

26. Noch mehr Intelligenz

Räumlich intelligente Menschen haben dagegen ein gutes Auge. Sie werden deshalb oft Künstler, Architekten oder Fotografen und können dabei ihre räumliche Vorstellungskraft umsetzen. Und musikalisch Intelligente mögen Klänge und Melodien. Also werden sie gerne Musiker oder Komponisten. »Wie Robbie Williams?« Genau, Günter!

Körperlich Intelligente beherrschen vor allem – na klar! – ihren Körper. Und oft sind sie dabei sehr fingerfertig. Also werden sie Zahnärzte, Handwerker, Chirurgen, Sportler oder Tänzer, denn hierbei brauchen sie ihr ganzes körperliches Geschick. Zwischenmenschlich Intelligente dagegen können sich gut in andere hineinversetzen. Sie verstehen, was andere Menschen fühlen und wie ihre inneren Schweinehunde ticken – eine prima Voraussetzung, um Verkäufer, Lehrer oder Psychologe zu werden.

... und die selbst-Intelligenz!

Welche Intelligenzen hast du?

27. Der Intelligenz-Mix

Wer eine hohe Selbst-Intelligenz besitzt, geht gut mit seinen eigenen Gefühlen, Zielen und Plänen um. Deshalb sind selbstintelligente Menschen meist ruhig und ausgeglichen – eine Eigenschaft, die bei allen Berufen nützlich ist. Die zwischenmenschliche und die Selbst-Intelligenz kann man übrigens auch als »emotionale Intelligenz« zusammenfassen, denn es geht bei beiden Formen vor allem um den richtigen Umgang mit Gefühlen (Emotionen).

»Wow!« Günter staunt über so viel Intelligenz. Doch das Beste daran ist, dass die meisten Menschen nicht nur auf eine einzige Art intelligent sind, sondern auf mehrere gleichzeitig. So sind zum Beispiel sprachlich Intelligente oft auch zwischenmenschlich intelligent. Oder räumlich Intelligente sind auch körperlich intelligent. Und logisch Intelligente sind oft musikalisch intelligent – weshalb übrigens Mathelehrer durchaus gute Sänger sein können. Du siehst schon: Menschen haben lauter Stärken!

Zwei Fragen für Profis:

1) „Was fällt mir besonders leicht?"

2) „Was macht mir viel Spaß?"

28. Deine Super-Stärken

Also: Schau nicht immer auf deine Schwächen, sondern lieber auf deine Stärken! Welche Stärken hast du? Stell dir dazu zwei Fragen! Erstens: »Was fällt mir besonders leicht?« Denn was einem leicht fällt, das kann man auch besonders gut – eine echte Stärke also. Und zweitens: »Was macht mir besonders viel Spaß?« Denn was einem Spaß macht, das kann man gut üben – eine wichtige Voraussetzung, um darin besser zu werden. Also wieder eine Stärke! Am besten schreibst du zu jeder Frage eine Liste mit deinen Antworten. Und dann vergleichst du beide Listen miteinander. Denn das, was auf beiden Listen gleichzeitig steht, sind deine Super-Stärken!

Bitte aber auch andere Leute um ihre Meinung – gute Freunde, vertraute Verwandte oder nette Lehrer. Frag sie einfach: »Was kann ich besonders gut?« Du wirst erstaunt sein, welche Antworten du bekommst. Oft können andere Menschen nämlich Dinge erkennen, die einem an sich selbst gar nicht mehr auffallen. Schließlich ist man jeden Tag mit sich (und mit Günter) zusammen …

vier Persönlichkeitstypen:

1) Zielstrebige
2) Routinierte
3) Kontaktfreudige
4) Genaue

29. Die Persönlichkeit

Menschen haben aber nicht nur verschiedene Stärken, sondern auch unterschiedliche Persönlichkeiten. Oft kann man dabei vier Grundtypen unterscheiden: zielstrebige, routinierte, kontaktfreudige und genaue.

Zielstrebige Persönlichkeiten wissen genau, was sie wollen und wie sie ihre Ziele erreichen können. Sie planen voraus und setzen sich auch gegen Widerstände durch – leider oft ein wenig ruppiger als nötig. Routinierte Persönlichkeiten widmen sich gerne klar umrissenen Aufgaben. Sie sind verlässlich und gewissenhaft, aber auch meist still und zurückhaltend – ihr Günter traut ihnen oft nicht viel zu. Kontaktfreudige Persönlichkeiten verstehen sich mit den verschiedensten Schweinehunden gut. Sie sind immer offen für Neues und bringen Menschen gerne miteinander in Kontakt. Doch sie planen nicht gerne voraus, sodass sie manchmal in Schwierigkeiten geraten. Und die genauen Persönlichkeiten sammeln immer möglichst viele Informationen, denn sie sind sehr vorsichtig. Leider verzetteln sie sich dabei öfters in unwichtigen Kleinigkeiten, wissen dafür aber über vieles Bescheid.

In den meisten Menschen steckt etwas von jeder dieser Persönlichkeiten.

Du bist nicht alleine auf der Welt.
Also komm mit anderen Menschen klar!

30. Du und die anderen

»Endlich weißt du, wer du bist, was du kannst und was du willst!« Günter freut sich über seine neuen Erkenntnisse. Wie schön! Doch du bist nicht alleine auf der Welt. Menschen und innere Schweinehunde treten nämlich gerne in Rudeln auf. So können sie sich gegenseitig helfen und aufeinander verlassen. Also solltest du nicht nur mit dir selbst klarkommen, sondern auch mit anderen! Dann kannst du dich mit anderen austauschen und freundschaftlich deine Interessen durchsetzen. Du bekommst leichter, was du willst, und das Leben macht viel mehr Spaß.

»Mit anderen Menschen klarkommen? Das hört sich aber schwierig an ...«, grübelt Günter. Keine Sorge, das ist gar nicht schwierig! Denn die meisten Menschen ticken ziemlich ähnlich: Sie alle suchen nach ihrem Glück, sie alle wollen Unangenehmes vermeiden und sie alle haben einen inneren Schweinehund, der ihnen lauter gut gemeinte Tipps gibt. Nur laufen Menschen dabei eben oft in unterschiedliche Richtungen ...

Dritte Zusamm

(für schlaue Schweinehunde)

Wer seine Träume kennt und auf sie hinarbeitet, kann sie auch erreichen.

Auch bei »exotischen« Träumen: Probieren geht über studieren!

Jeder Mensch hat Stärken und Schwächen. Welche Stärken hast du?

Es ist wichtiger, seine Stärken zu stärken, als seine Schwächen auszumerzen.

nfassung

Es gibt sieben verschiedene Arten von Intelligenz: die sprachliche, die logische, die räumliche, die musikalische, die körperliche, die zwischenmenschliche und die Selbst-Intelligenz! Welche Intelligenzen hast du?

Zwei Fragen für Profis:
1) »Was fällt mir besonders leicht?«
2) »Was macht mir viel Spaß?«

Vier Persönlichkeitstypen:
1) Zielstrebige
2) Routinierte
3) Kontaktfreudige
4) Genaue

Du bist nicht alleine auf der Welt. Also komm mit anderen Menschen klar!

Damit Menschen miteinander klarkommen, müssen sie sich verständigen – auf vielen Frequenzen.

31. Kommunikation

Damit es bei so vielen Menschen, Schweinehunden und unterschiedlichen Richtungen nicht zum Chaos kommt, muss man sich miteinander verständigen. Diese Verständigung nennt man Kommunikation. Dabei sendet einer eine Nachricht und ein anderer empfängt sie. Wenn dir deine Freundin zum Beispiel sagt: »Wie langweilig!«, dann ist sie der Sender und du bist der Empfänger – ähnlich wie beim Radio.

Nur: Beim Radio muss man die richtige Frequenz einstellen, damit man etwas versteht – sonst hört man nämlich nur Rauschen. Bei der Kommunikation ist es genauso: Damit sie gut klappt, müssen Sender und Empfänger auf die richtigen Frequenzen achten.

»Was für Frequenzen?«, wundert sich Günter. Ganz einfach: Wir kommunizieren durch unsere Worte, Stimme, Gesichtsausdrücke, Bewegungen und durch die Stimmung, die wir verbreiten. All das sind wichtige Frequenzen!

Wichtiger als das verständigen ist das

verstandenwerden.

32. Ein Satz und vier Ohren

»Warum so kompliziert?«, motzt Günter. »Die meisten Menschen verstehen dich auch, ohne dass du auf irgendwelche Frequenzen achtest. Hauptsache, du sagst, was du meinst …« Irrtum! Es ist nämlich gar nicht so wichtig, was du sagst. Viel wichtiger ist, was beim Gegenüber ankommt. Und kompliziert wird es erst dann, wenn du dich nicht klar verständlich machst. Denn dann kommt es zu Missverständnissen.

Hier ein Beweis: Nehmen wir mal die Aussage »Wie langweilig!« Die kann man auf mehrere Arten verstehen. Zum Beispiel als Befindlichkeit: »Mir ist langweilig.« Oder als Beschreibung der Umgebung: »Hier ist gar nichts los.« Aber auch als Aufforderung: »Los, lass uns etwas unternehmen!« Und sogar als Angriff: »Du bist echt langweilig!« Es ist fast so, als würde man denselben Satz durch vier verschiedene Ohren hören! Und je nachdem, durch welches Ohr ihn der Empfänger hört, reagiert er darauf unterschiedlich. Wenn man also mit anderen Menschen spricht, sollte man sich dabei immer Mühe geben, damit einen die anderen richtig verstehen.

Gehe offen und freundlich auf andere Menschen zu!
Betrachte sie als gute Freunde!

33. Misstrauische Schweinehunde

Eine wichtige Voraussetzung für gute Kommunikation ist allerdings, dass man überhaupt miteinander kommunizieren will. Und damit sich zwei fremde Menschen verstehen, müssen sich zuerst ihre inneren Schweinehunde beschnuppern können – sonst kläffen sie sich an oder schnappen sogar zu! Und das macht die Verständigung natürlich schwierig ...

Damit sich innere Schweinehunde gegenseitig gut riechen können, wollen sie zunächst zwei Dinge voneinander wissen: »Ist der andere nett? Und kann ich ihm vertrauen?« Also sei zu anderen Menschen freundlich! Gehe offen auf sie zu, lächle sie an und schau ihnen in die Augen! All das bedeutet nämlich: Mein Schweinehund ist brav und mag dich. Und wenn dich dein Gegenüber noch nicht kennt, stellst du dich erst mal vor: »Hallo, ich bin Günter. Wie schön, dich kennen zu lernen!« Am besten betrachtest du andere Menschen einfach als gute Freunde – ganz egal, ob du sie schon kennst. Das kann der innere Schweinehund deines Gegenübers nämlich spüren, und bald wedelt er freudig mit seinem Ringelschwanz ... Aber Vorsicht: Rück niemandem zu nahe auf die Pelle – näher als eine Armlänge ist aufdringlich!

Lass deinem Gegenüber Zeit zum Auftauen! Konzentriere dich auf seine netten Seiten und auf eure Gemeinsamkeiten.

34. Sympathische Seiten und Gemeinsamkeiten

Falls dir jemand mal unsympathisch ist, lass es dir nicht anmerken! Innere Schweinehunde reagieren nämlich schnell gekränkt. Besser, du konzentrierst dich auf das, was dir beim Gegenüber gut gefällt: Vielleicht auf die nette Stimme? Die krassen Klamotten? Oder irgendeine Gemeinsamkeit? Gemeinsamkeiten haben innere Schweinehunde sehr gerne. Sie denken: Je ähnlicher man sich ist, desto besser kommt man miteinander klar. Also vergiss eure Unterschiede einfach! Schließlich sollt ihr euch »nur« gut verständigen und nicht gleich Blutsbrüderschaft schließen.

Manchmal braucht dein Gegenüber ein bisschen mehr Zeit, um mit dir warm zu werden. Ganz egal, sei weiterhin freundlich! Vielleicht macht ihr ein bisschen Smalltalk? Redet wieder über Gemeinsamkeiten: übers Wetter, euren Musikgeschmack oder gemeinsame Freunde! Und lass dich dabei nicht ablenken, sondern konzentriere dich ganz auf deinen Gesprächspartner. Denn je freundlicher und aufmerksamer du bist, desto schneller kann sein innerer Schweinehund auftauen und sich an dich gewöhnen. Und an Günter.

Ich finde ...

Achte darauf, was du sagst!
Fasse dich kurz, sprich in der Ich-Form
und sei nicht rechthaberisch!

35. Die richtigen Worte

Sender und Empfänger haben sich also aufeinander eingestellt. Jetzt sollte der Sender wissen, was er sagt: das Wichtigste zuerst erzählen, in kurzen Worten und Sätzen sprechen und Fremdwörter vermeiden (obwohl sein innerer Schweinehund schlau klingen will). Er sollte sich immer fragen: »Wie drücke ich mich so aus, dass man mich möglichst gut versteht?«, und dann klar und einfach reden und Überflüssiges einfach weglassen. Denn wer will schon gerne zugetextet werden? Also immer erst denken, dann sprechen! Alles klar, Günter?

Der Sender spricht am besten in der Ich-Form: »Ich finde Schokolade gut« oder »Ich finde Schokolade schlecht«. Das klingt nämlich nicht besserwisserisch, sondern nach persönlicher Meinung. Wenn er dagegen »Schokolade ist gut« oder »Schokolade ist schlecht« sagen würde, könnte der andere Schweinehund zickig werden. Vielleicht ist er ja anderer Meinung? Und auch deine Freundin sollte anstatt »Wie langweilig!« besser »Mir ist langweilig!« sagen …

Begründe deine Meinung mit Argumenten!
So kannst du überzeugen, nicht nur überreden.

36. Die richtigen Argumente

Günter denkt gerne: »Ich habe immer Recht!« Deshalb begründet er seine Meinungen nicht. Er würde zum Beispiel sagen: »Ich finde Schokolade gut, weil Schokolade gut ist!« So will er andere zu seiner Meinung überreden. Viel schlauer wäre es jedoch, andere wirklich zu überzeugen – und zwar mit Argumenten! Vielleicht sagt nämlich jemand: »Ich finde Schokolade schlecht, weil sie fett macht, zu teuer ist und die Zähne faulen lässt.« Und wer hat jetzt Recht? Klar: der andere!

»Ich mag Schokolade, weil sie mir gut schmeckt.« Aha, Günter! Nun: Jede Meinung sollte man akzeptieren und aus der Perspektive des Gegenübers betrachten: »Dir schmeckt Schokolade also gut? Okay!« So fühlt sich Günter nämlich nicht angegriffen. Dann jedoch sollte man elegant seine eigene Position erklären: »Ich mag Schokolade nicht besonders. Sie ist mir zu süß und hat einen säuerlichen Nachgeschmack – der Speichel wandelt nämlich Zucker in Säure um, und das lässt die Zähne faulen. Außerdem macht Schokolade fett.« Nun kommt Günter von selbst ins Grübeln: »Stimmt. Da könntest du Recht haben …« Und schon hast du überzeugt!

Achte auf deine Gestik, Mimik und Stimme!
Sprich klar und verständlich! Und mach Pausen!

37. Reden ohne Worte

Oft versteht man andere natürlich auch ohne Worte: Wenn deiner Freundin langweilig ist, klingt sie lahm, leise und unzufrieden. Sie guckt ausdruckslos, bewegt sich kaum und lässt die Schultern hängen. Sie sendet lauter Langeweile-Signale – ohne dass sie viel erklären müsste. Also achte beim Kommunizieren nicht nur darauf, was du sagst, sondern auch, wie! Denn: Man kommuniziert immer – selbst, wenn man gar nichts sagt. Man kann sozusagen nicht nicht kommunizieren ...

Damit deine Aussagen noch klarer werden, kannst du sie mit Gestik, Mimik und deiner Stimme unterstützen. Und all das sollte natürlich zum Inhalt passen: Wenn du also etwas Lustiges erzählst, dann lachst du dabei und schaust nicht etwa gelangweilt drein. Denn deine Aussagen sollen echt und ehrlich wirken. Am besten sprichst du immer klar und verständlich und so laut, dass man dich gut versteht. Schau deinem Gesprächspartner in die Augen, und mach zwischen den Sätzen immer wieder kurze Pausen! Innere Schweinehunde wollen über deine Worte nämlich auch nachdenken können ...

Höre anderen gut zu und lass sie ausreden!
Stimme anderen zu und stelle Verständnisfragen!

38. Gut zuhören

Damit das Verständnis gut klappt, solltest du aber nicht nur Sender, sondern auch Empfänger sein. Damit hat Günter leider ein Problem. Deshalb: Nimm jedes Gespräch und jeden Gesprächspartner wichtig! Vor allem: Höre ihm gut zu und unterbrich ihn nicht! Sonst störst du seine Gedanken, und er vergisst vielleicht, etwas Wichtiges zu sagen. Schau ihn während des Zuhörens freundlich an, nicke ab und zu bestätigend mit dem Kopf und sag »aha« oder »ja«! Und dann fasse seine Aussagen noch mal in eigenen Worten zusammen: »Schokolade magst du also nicht. Zu süß, zu teuer und ein doofer Nachgeschmack. Und sie macht fett und faule Zähne.« – »Genau!« Günter hat gut zugehört.

Wenn du etwas nicht verstehst, stellst du Zwischenfragen: »Wie langweilig!« – »Wie meinst du das?« Nun kann dein Gegenüber Missverständnisse vermeiden, ehe sie entstehen: »Hier ist nix los!« Und du kannst jetzt zeigen, ob du alles richtig verstanden hast: »Ach, dir ist langweilig, weil dir zu wenig los ist?« – »Richtig!« Und schon kann die Kommunikation weitergehen.

Nimm Kritik nie persönlich – sieh sie eher als Verbesserungsvorschlag. Und verpacke Kritik zwischen zwei netten Aussagen!

39. Kritik? Danke!

Obwohl du dich nun prima verständlich machst, sind andere Leute nicht immer deiner Meinung. Manchmal sagen sie dir das auch: »Hier ist es überhaupt nicht langweilig!« Günter reagiert dann oft gekränkt und wird trotzig: »Doch, natürlich ist es langweilig!« Aber hat Günter überhaupt Recht? Solange er Trotzkopf spielt, erfährst du es nicht ... Besser also, du betrachtest Kritik nicht als Angriff, sondern als Verbesserungsvorschlag: »Würdest du nicht so lahm herumsitzen, hättest auch du deinen Spaß!« Der andere will dir also gar nichts Böses, er gibt dir nur einen Tipp. Jetzt bleibt Günter friedlich und denkt nach.

Wenn du andere kritisieren willst, tust du das am besten sanft. Zum Beispiel indem du deine Kritik zwischen zwei netten Aussagen verpackst: »Klar schmeckt Schokolade super. Doch leider macht sie dick. Ich finde, eine Birne schmeckt genauso gut, ohne dick zu machen.« Du sagst also zuerst etwas Nettes, dann die Kritik und danach wieder etwas Nettes oder einen Lösungsvorschlag. Und am besten kritisierst du immer nur ein Verhalten, nicht die Person, die sich falsch verhält! Statt »Du bist dumm!«, sagst du lieber »Was du tust, ist dumm!«.

„Ich bin okay und du bist okay!"

40. Eine gute Beziehung

Wenn Kritik geübt wird, sollte natürlich die Beziehung stimmen. Stell dir mal vor, ein Lehrer, den du nicht magst, will dir erklären, dass du etwas falsch machst. Wie reagiert Günter da? Klar, er protestiert: »Von dem lässt du dir gar nichts sagen!« Selbst wenn dein Lehrer hundertmal Recht hätte ... Die Beziehung zwischen den Menschen ist also viel wichtiger als ihre Worte!

Oft kann man zwischen zwei Menschen vier verschiedene Beziehungsebenen beobachten. Ebene eins: »Ich bin schlecht und du bist schlecht!« – zwei wehleidige Schüler jammern wegen einer Englischarbeit. Ebene zwei: »Ich bin schlecht und du bist okay!« – ein unsicherer Mitläufer schleimt sich bei älteren Jugendlichen ein. Ebene drei: »Ich bin okay und du bist schlecht!« – Lehrer sind besser als Schüler. Oder Ebene vier: »Ich bin okay und du bist okay!« – zwei respektvolle Menschen diskutieren auf gleicher Augenhöhe ein Problem. Auf welcher Ebene kommt man wohl am besten miteinander klar? Natürlich auf der vierten!

Vierte Zusamm...
(für kommunikative Schweinehunde)

Damit Menschen miteinander klarkommen, müssen sie sich verständigen – auf vielen Frequenzen.

Wichtiger als das Verständigen ist das Verstandenwerden.

Gehe offen und freundlich auf andere Menschen zu! Betrachte sie als gute Freunde!

Lass deinem Gegenüber Zeit zum Auftauen! Konzentriere dich auf seine netten Seiten und auf eure Gemeinsamkeiten.

nfassung

Achte darauf, was du sagst! Fasse dich kurz, sprich in der Ich-Form und sei nicht rechthaberisch!

Begründe deine Meinung mit Argumenten! So kannst du überzeugen, nicht nur überreden.

Achte auf deine Gestik, Mimik und Stimme! Sprich klar und verständlich! Und mach Pausen!

Höre anderen gut zu und lass sie ausreden! Stimme anderen zu und stelle Verständnisfragen!

Nimm Kritik nie persönlich – sieh sie eher als Verbesserungsvorschlag. Und verpacke Kritik zwischen zwei netten Aussagen!

Ich bin okay und du bist okay!

Jeder hat seine
eigenen Motive
und das Recht, zu
denken und zu tun,
was er will.

41. Respekt und Fairness

Wenn die Beziehung zwischen zwei Menschen stimmt, dann klappt die Kommunikation sogar bei Kritik. Denn die Kritik gilt nicht der anderen Person (»Ich bin okay und du bist okay!«), sondern der Sache (»Schokolade macht dick.«). Und ganz egal, was eigentlich kritisiert wird: Jeder hat das Recht auf seine Meinung – schließlich will jeder, dass es ihm selbst gut geht (wie etwa Schokolade essen, die gut schmeckt) und Unangenehmes vermeiden (zum Beispiel etwas Schlechtes essen). Ein gutes Gefühl ist ja der Sinn jedes Handelns.

Aber Vorsicht! Günter nimmt es mit dem Respekt nicht immer so genau. Und sobald ihm etwas nicht passt, wird er unfair: Wenn mal jemand vor dir in der Schlange steht, motzt Günter also: »Dieser Idiot!« Dabei will auch der andere so schnell wie möglich drankommen. Oder wenn jemand mit deiner besten Freundin spricht, wird Günter sauer: »Was soll das?!« Dabei findet auch der andere deine Freundin nett. Also sollte sich Günter lieber fragen: »Warum tut jemand das, was er gerade tut?« Aus dieser Sicht würde er für vieles gute Gründe finden. Und dann müsste sich Günter nicht immer unnötig ärgern …

Nervensägen? Geschickt durchsetzen!
Rüpel? Argumente statt Emotionen!

42. Nervensägen und Rüpel

Aber nicht alle inneren Schweinehunde sind so klug und nett wie Günter. Manche sind sogar echte Trottel. Trotzdem geben auch sie ihren Menschen lauter Tipps. Kein Wunder also, dass manche Leute Nervensägen sind! Am besten versuchst du, sie immer erst zu verstehen und dich dann geschickt durchzusetzen.

Manche sind zum Beispiel richtige Rüpel. Schon beim kleinsten Konflikt explodieren sie: »Bist du doof?« oder »Wehe, du sagst das noch mal!«. Sie schreien herum und wollen dir Angst machen. Denn ihr innerer Schweinehund fühlt sich leicht angegriffen und ist für Argumente nicht zugänglich. Wie armselig! Also: Nimm den Ausbruch nicht persönlich (schließlich reagieren Rüpel bei jedem so) und motze auch nicht lautstark zurück (das würde sie nur provozieren). Aber lass dich auf keinen Fall beeindrucken! Sonst hätten sie nur erreicht, was sie wollen. Besser also, du lässt sie sich erst mal beruhigen. Und dann erklärst du selbstbewusst deine Position: »Nein, ich bin nicht doof. Ich denke aber, dass …« Und am Ende bittest du sie um ihre Meinung: »Wie siehst du das?« So fühlt sich ihr innerer Schweinehund nämlich ernst genommen und sucht selbst auch nach Argumenten.

Hinterhältige? Ernst nehmen und freundlich bleiben!
Besserwisser? Zuhören und selbst denken!

43. Hinterhältige und Besserwisser

Andere Schweinehunde können hinterhältig sein: Weil sie zu wenig Selbstbewusstsein haben, sprechen sie Konflikte nicht offen an. Stattdessen verbreiten sie hinter deinem Rücken Lügen oder verbünden sich gegen dich. Lass dir das nicht gefallen! Am besten suchst du ein Gespräch unter vier Augen und dann sprichst du ihr Verhalten an – so freundlich wie möglich: »Lieber Hinterhältiger, ich fühle mich von dir nicht ehrlich behandelt.« So viel Aufmerksamkeit schmeichelt ihnen nämlich. Und dann herrscht bald wieder Friede.

Auch Besserwisser können nervig sein, denn sie drängen einem ständig ihre Meinung auf. Clever ist, du beachtest sie erst mal: »Lieber Besserwisser, wie interessant! Du meinst also, dass ...« So fühlt sich der Besserwisser-Schweinehund wichtig, und du kannst über das nachdenken, was er gesagt hat – oft haben Besserwisser nämlich Recht. Wie praktisch: Du kannst sie also für dich mitdenken lassen ... Aber blicke auf keinen Fall zu ihnen auf! Denn auch du hast gute Gründe für deine Meinung. Und selbst Besserwisser wissen nicht immer alles besser.

Pessimismus? Nicht mit dir!
Misstrauen? Nicht wegen dir!

44. Miesmacher und Misstrauische

Ziemlich unangenehm sind auch die Miesmacher: Ständig motzen sie herum und achten lieber auf Probleme anstatt auf Lösungen. Und dann erklären sie gerne, warum etwas nicht geht, anstatt zu überlegen, wie es funktionieren könnte. Ein klarer Fall: Ihre Schweinehunde sind Pessimisten. Also pass auf, sonst wird auch Günter ganz gaga! Wenn du ihnen nämlich geduldig zuhörst oder sogar Recht gibst, motzen sie nur weiter. Und du bekommst schlechte Laune … Besser also, du drehst den Spieß um: »Betrachten wir doch mal die Vorteile! Welcher ist für dich am wichtigsten?« So müssen sie umdenken. Und dann sagst du: »Trotz deiner Bedenken finde ich die Vorteile wichtiger als die Nachteile.«

Misstrauische Schweinehunde verhalten sich abweisend. Sie vermuten nämlich hinter allem eine böse Absicht: »Warum schaut sie mich nicht an? Sie mag mich wohl nicht!« oder »Worüber spricht er gerade? Bestimmt lästert er über mich!«. Also sind misstrauische Schweinehunde arm dran – sie sind Opfer ihrer eigenen Gedanken. Sei deshalb nett zu ihnen und pass ein wenig auf, was du sagst! Nicht dass sie Günter missverstehen …

Opfer? Mehr Eigenverantwortung!
Gefühls-Erpressung? Nur nicht manipulieren lassen!

45. Opfer und Erpresser

Sicher kennst du auch Menschen, die sich immer als Opfer fühlen. Egal, was passiert: Sie suchen die Schuld woanders. Eigenverantwortung? Unbekannt! Probleme selber lösen? Unmöglich! Viel lieber jammern sie: »Ich bin so arm dran!« Und wenn du sie dann tröstest, jammern sie noch mehr. Kein Wunder – bei so viel Ungerechtigkeit ... Besser, du gehst anders vor. Zeig erst mal dein Verständnis: »Oh ja, es geht dir schlecht!« Und dann lenke ihre Aufmerksamkeit vorsichtig auf Lösungsmöglichkeiten: »Hast du dir schon Gedanken gemacht, wie du das wieder in den Griff kriegst?« So muss ihr innerer Schweinehund nach vorne schauen.

Vorsicht auch vor Gefühls-Erpressern! Sie machen anderen gerne ein schlechtes Gewissen, um ihnen die Verantwortung für ihr eigenes Wohlbefinden zuzuschieben: »Wenn du dich nicht um mich kümmerst, fühle ich mich so schlecht!« Doch wie fühlt sich schlechtes Gewissen an? Natürlich auch schlecht! Also nehmen Gefühls-Erpresser auf die Gefühle anderer Menschen keine Rücksicht. Stattdessen setzen sie sie unter Druck, damit es ihnen selbst besser geht. Deshalb: nur keine Rücksicht mit Erpressern! Sag einfach: »Ich lasse mich nicht erpressen!«

Nervensägen? Verstehen und loben!
Wut? Ursachen suchen und ansprechen!

46. Verständnis und Wut

Nervensägen sind oft wie kleine Kinder: Ihr innerer Schweinehund hat keinen echten Plan, und das nervt manchmal. Aber sie meinen es nicht böse, sondern wissen es eben nicht besser. Also leg nicht jedes Wort auf die Goldwaage! Wenn du dich in ihre Lage versetzt, gelingt es dir vielleicht, ihre Gefühle und Motive besser zu verstehen. Und wenn sie etwas gut machen, lobe sie dafür: »Das machst du wirklich super!«

Manchmal wird es Günter jedoch zu bunt. »So nicht!«, sagt er dann, und dein Körper produziert ein Stress-Hormon namens Adrenalin, das dich wütend macht. Bald schreist du herum oder machst Schuldzuweisungen: »Du bist so blöd!« Klar, dass das nichts bringt: Denn Wut ist oft verletzend, und wer schreit, drückt sich meist ungeschickt aus. Besser also, du akzeptierst deine Wut erst mal (»Vorsicht, Günter, du bist gerade wütend!«) und suchst nach ihrer Ursache (»Worüber ärgerst du dich?«). Und dann solltest du offen darüber sprechen: »Dies und das macht mich echt sauer!« So kann der andere nämlich darauf eingehen, bevor du explodierst.

Streit? Beruhigen und Gedanken sortieren, Problem schildern und gut zuhören, gemeinsame Lösung suchen und entschuldigen!

47. Stress beim Streit

Trotz aller Mühe: Manche Auseinandersetzungen enden im Streit. Dann knurren sich eure inneren Schweinehunde gegenseitig an oder schnappen zu. Klar, dass die Kommunikation jetzt nicht mehr klappt! Atme also erst mal tief durch und beruhige dich, anstatt dich auf wilde Wortgefechte oder üble Prügeleien einzulassen. Vielleicht zählst du bis 100, sprichst kurz mit einer Freundin oder gehst ein paar Schritte spazieren? Bald kann Günter wieder klar denken. Und der andere Schweinehund auch.

Nun formuliere das Problem so nüchtern wie möglich mit einer Ich-Aussage: »Ich bin der Meinung, dass …« Und dann hör dem anderen zu, lass ihn ausreden und fasse seine Worte noch mal zusammen: »Du meinst also, dass …« So klärt ihr eure Positionen und verhindert Missverständnisse. Jetzt denk über die andere Ansicht nach und zeig dafür Verständnis: »Ich kann verstehen, dass du …« Gib auch zu, wenn du zum Streit beigetragen hast: »Mein Verhalten war falsch …« Anschließend sucht ihr nach Lösungen oder Kompromissen. Ihr einigt euch, entschuldigt euch beieinander und bedankt euch dafür. Und dann geht ihr friedlich auseinander. Gar nicht so schwer, oder?

Streit ohne Ende? Nicht mit dir!

48. Streit ohne Ende?

Falls die Versöhnung immer noch nicht klappt, soll es eben nicht sein. Du hast getan, was du konntest. Jetzt kannst du nur noch dein Bedauern ausdrücken: »Da sind wir wohl anderer Meinung. Schade, aber so können wir uns nicht einigen.« Du beendest respektvoll das Gespräch und bewahrst dabei Günters Gesicht. Denn du hast es nicht nötig, dich wegen anderer Leute zu verbiegen – selbst wenn sie dir gerade sehr mächtig erscheinen, wie schikanierende Lehrer, ältere Mitschüler oder besserwisserische Verwandte. In Wirklichkeit hast nur du allein Macht über dich. Und wenn der andere jetzt immer noch streiten will, mach einfach nicht mit! Sag klipp und klar »Nein!« und zieh dich zurück. Bestimmt klärt die Zeit euren Streit.

Lass dich aber nie auf Kleinkriege oder Grabenkämpfe ein! Sie sind sinnlos und kosten nur Nerven. Auch Rache ist Quatsch, denn sie führt nur zur Gegen-Rache. Und dann gibt es wieder neuen Streit und neuen Streit und neuen Streit …

Falls es aber trotzdem jemand auf dich abgesehen hat, musst du dich dagegen wehren. Such dir dabei Verbündete: gute Freunde, deine Familie oder einen Lehrer deines Vertrauens. So bleibst du mit deinen Sorgen nicht alleine.

Nein

Ein Nein ist ein Nein.

49. Ja oder nein?

Manche Schweinehunde verlangen Dinge von dir, die du selbst nicht willst: dich gegen andere verbünden, jemanden belügen oder etwas Wichtiges verschweigen. Vielleicht kommen sie dir mit der moralischen Keule: »Du kannst doch einen guten Freund wie mich nicht sitzen lassen!« Und weil Günter so ein netter Kerl ist, macht er lieber mit, anstatt einen Konflikt zu riskieren. Doch Vorsicht: Solche »guten Freunde« manipulieren dich! Sie wollen dich nur für sich ausnutzen.

Lass es dir nicht gefallen, dass dir jemand seinen Willen aufdrückt – du hast immer die freie Entscheidung! Wenn du also etwas für andere tun sollst, denk erst darüber nach: »Will ich das selbst überhaupt? Was würde das für mich bedeuten?« Und dann sagst du Ja oder Nein. Und wenn du Nein sagst, meinst du Nein. Denn ein Nein ist ein Nein und kein Vielleicht oder Ja. Also mach nicht immer alles mit! Am besten suchst du dir wirklich gute Freunde. Zu denen kann man nämlich ruhig mal Nein sagen. Sie haben dafür Verständnis.

Gute Freunde können sich aufeinander verlassen
und haben viele gute Eigenschaften.

50. Gute Freunde

Gute Freunde sind sehr wichtig. Sie mögen sich und haben Respekt voreinander. Und sie helfen sich gegenseitig, denn Freundschaften basieren auf Geben und Nehmen. Das ist praktisch: So muss man nicht immer alles selbst machen, wissen oder können. Und wenn es mal nicht so gut läuft, können sich gute Freunde immer aufeinander verlassen – egal was passiert.

Gute Freunde sollten auch gute Eigenschaften haben. »Welche guten Eigenschaften?«, fragt sich Günter. Nun, zum Beispiel Humor, Sensibilität, Liebenswürdigkeit, Vorsicht, Takt, Ausdauer, Treue, Wärme, Kreativität, Anstand, Fröhlichkeit, Toleranz, Weitsicht, Verlässlichkeit, Lebendigkeit, Vernunft, Beständigkeit, Loyalität, Offenheit, Begeisterungsfähigkeit, Milde, Bescheidenheit, Ehrlichkeit, Würde, Höflichkeit, Optimismus, Standhaftigkeit, Rücksicht, Glaubwürdigkeit, Hilfsbereitschaft, Freundlichkeit, Uneigennützigkeit, Nachsicht oder Aufmerksamkeit. Alles klar, Günter? So sind gute Freunde eben.

Übrigens: Welche der Eigenschaften würdest du dir selber zuschreiben?

Fünfte Zusamm

(für geschickte Schweinehunde)

Jeder hat seine eigenen Motive und das Recht, zu denken und zu tun, was er will.

Nervensägen? Geschickt durchsetzen! Rüpel? Argumente statt Emotionen!

Hinterhältige? Ernst nehmen und freundlich bleiben! Besserwisser? Zuhören und selbst denken!

Pessimismus? Nicht mit dir! Misstrauen? Nicht wegen dir!

Opfer? Mehr Eigenverantwortung! Gefühls-Erpressung? Nur nicht manipulieren lassen!

enfassung

Nervensägen? Verstehen und loben! Wut? Ursachen suchen und ansprechen!

Streit? Beruhigen und Gedanken sortieren, Problem schildern und gut zuhören, gemeinsame Lösung suchen und entschuldigen!

Streit ohne Ende? Nicht mit dir!

Ein Nein ist ein Nein.

Gute Freunde können sich aufeinander verlassen und haben viele gute Eigenschaften.

Erst die Pflicht, dann das vergnügen.

51. Deine Pflichten

»Gute Freunde unterstützen dich also – egal was du tust? Wunderbar: Dann kannst du ja tun und lassen, was du willst!« Nicht ganz, Günter. Denn dein Leben besteht nicht nur aus Wünschen, sondern auch aus Pflichten. »Pflichten? Wieso Pflichten?« Nun, weil es schlichtweg Dinge gibt, die man unbedingt erledigen muss – egal ob man gerade dazu Lust hat oder nicht. Denn wenn man Pflichten nicht erledigt, kann man seine Wünsche auch vergessen. Stell dir nur mal einen Schauspieler vor, der keinen Text lernt.

Welche Pflichten hast du also? Hausaufgaben machen, im Haushalt helfen oder Mathe lernen? Dann erzählt dir Günter gerne: »Lass das sein, morgen ist auch noch ein Tag!« Und so bleiben die Hausaufgaben öfters mal liegen, sind deine Eltern immer wieder sauer und droht in Mathe vielleicht eine Fünf – nur weil Günter zu faul ist. »Ich bin nicht faul!«, protestiert Günter. »Du hast nur immer so viel zu tun: Musik hören, telefonieren, Freunde treffen, fernsehen, rumhängen ... Wie sollst du da noch Zeit finden?« Na, indem du deine Zeit anders nutzt!

24

Jeder Mensch hat täglich 24 Stunden Zeit.
Nutze sie gut!

52. Deine Zeit

Wie jeder Mensch hast du täglich 24 Stunden Zeit. Davon verbringst du etwa acht Stunden mit Schlafen, eine Stunde mit dem morgendlichen Aufwachen, Waschen und Frühstücken, dann bist du vielleicht eine halbe Stunde zur Schule unterwegs, bleibst dort etwa fünf bis sechs Stunden lang (es sei denn, du besuchst eine Ganztagsschule) und brauchst noch mal eine halbe Stunde für den Heimweg. Und nach dem Mittagessen kannst du dir den restlichen Tag frei einteilen – bis du abends wieder müde wirst …

»Schön und gut: Du hast also jeden Tag viel Zeit. Aber wie kannst du diese Zeit nutzen – wo du doch immer so viel zu tun hast?« Indem du sie dir richtig einteilst! Denn alles, was du tagtäglich tust, ist entweder dringend oder nicht dringend, wichtig oder unwichtig. Und wenn du immer zuerst alles Wichtige erledigst, hast du hinterher Zeit, mit der du machen kannst, was du willst. Nur: Günter macht leider häufig den Fehler, dass er zuerst das Dringende erledigt und nicht das Wichtige. Und dann verschiebst du Wichtiges so lange, bis es dringend wird. So wird die Zeit immer wieder eng – und das führt dann zu Stress.

Alles, was du tust, ist entweder dringend oder nicht dringend, wichtig oder unwichtig.

53. Wichtig oder dringend?

Ein kleines Beispiel: Stell dir mal vor, du lernst gerade Vokabeln, weil du morgen abgefragt wirst (wichtig, aber noch nicht dringend). Plötzlich bekommst du einen Anruf von einer Freundin, die ein wenig plaudern will (dringend, aber gerade nicht wichtig), und ihr quatscht so lange, bis im Fernsehen deine Lieblingssendung anfängt (jetzt plötzlich wichtig und dringend – dabei hast du die Sendezeit längst vorher gewusst). Also: Vokabeln lernen? Fällt heute aus! Doch am nächsten Morgen bist du total im Stress, denn in der Schule werden die Vokabeln abgefragt (wichtig und dringend), obwohl du »keine Zeit« zum Lernen hattest … Kommt dir das bekannt vor?

»Ich glaube, ich verstehe: Immer, wenn du dich ablenken lässt, bleiben wichtige Aufgaben liegen. Die kriegst du dann nicht mehr auf die Reihe oder du musst sie später unter hohem Zeitdruck erledigen. Und das kommt dir so vor, als hättest du keine Zeit, obwohl du deine Zeit nur vertrödelt hast!« Günter ist schon ein intelligenter Schweinehund …

dringend

nicht wichtig

wichtig

Schreibe dir deine Aufgaben auf eine Liste:
Was will ich heute tun?
Und in welcher Reihenfolge?

54. Die To-do-Liste

»Aber wie soll man hinbekommen, die wichtigen Dinge zu erledigen, ohne sich ablenken zu lassen?« Hier hilft eine gute Technik: Überleg dir einfach jeden Tag: Was will ich heute alles tun? Am besten schreibst du die Aufgaben des Tages auf eine Liste – eine so genannte »To-do-Liste« (weil draufsteht, was »zu tun« ist; englisch: »to do«). Heute zum Beispiel: Hausaufgaben machen, für eine Klassenarbeit lernen, mit Andrea telefonieren und ein neues Computerspiel ausprobieren. So erinnerst du dich immer an deine Pläne und vergisst nichts.

Dann überlegst du dir: In welcher Reihenfolge will ich das alles erledigen? Klar, wenn du die wichtigen Dinge immer zuerst erledigst, gibt es später weder Zeitdruck noch Chaos. Noch ein kleiner Tipp für die richtige Reihenfolge: Teile deine Aufgaben in die Kategorien A, B, C und D ein! A-Aufgaben sind wichtig und dringend, B-Aufgaben sind wichtig und nicht dringend, C-Aufgaben sind zwar dringend, aber unwichtig, und D-Aufgaben sind weder dringend noch wichtig.

Erledige zuerst
das Wichtige
und danach das
Dringende!
A
B
C
D

55. A, B, C oder D?

»Und in welcher Reihenfolge erledigt man nun seine Aufgaben?« Ganz klar: Zuerst machst du die A-Aufgaben – zum Beispiel die Hausaufgaben, weil sie wichtig und dringend sind (schließlich brauchst du sie schon morgen). Dann widmest du dich den B-Aufgaben – wie dem Lernen für eine Klassenarbeit, weil das wichtig, aber noch nicht dringend ist (die Klassenarbeit ist vielleicht übermorgen). Und wenn A und B erledigt sind, geht es an die C-Aufgaben – das Telefonat mit Andrea, das vielleicht dringend erscheinen mag, aber heute nicht wirklich wichtig ist … (Falls du übrigens überhaupt keine Zeit zum Telefonieren hast, dann sag es Andrea: »Entschuldige, ich kann gerade nicht. Lass uns bitte morgen telefonieren.«) Und die D-Aufgaben, die unwichtig und auch nicht dringend sind, fasst du gar nicht erst an. Dumme Computerspiele? Überflüssiges Fernsehen? Endloses Simsen? Reine Zeitverschwendung!

Wer seine Zeit im Griff hat, überlegt sich also erst, was zu tun ist, und erledigt das dann vor allem anderen. Und wenn Günter mal ablenken will, genügt ein Blick auf die Liste: »Sorry, Günter, später!« So bleibt die Zeit fest im Griff.

Lästiges Lernen? Stell dir vor,
welche Erfolge dir das Lernen bringt!

56. Das liebe Lernen

Für eine Sache sollten sich Schüler ganz besonders viel Zeit nehmen: für das Lernen. »Lernen? Nein danke!« Günter rümpft seine Schweineschnauze. Offenbar hat er schon mal schlechte Erfahrungen gemacht – vielleicht mit unsympathischen Lehrern, langweiligen Themen, lernfaulen Freunden, lähmender Prüfungsangst, schlechten Noten oder neidischen Mitschülern (die nennen interessierte Schweinehunde nämlich leider oft »Streber«) … Wie schade!

Dabei kann man das Lernen auch ganz anders sehen: Wenn du gut lernst, weißt du mehr von der Welt und hast bald lauter Erfolge! Du verstehst, was in den Nachrichten kommt, sprichst flüssig Englisch, gehst locker in Mathearbeiten, kannst weniger schlauen Freunden helfen und auf deine Noten stolz sein. Du siehst: So schlecht ist lernen gar nicht … Also mal dir in Gedanken lieber aus, welche Erfolge dir das Lernen bringt, anstatt dich dagegen zu wehren! Denn dann steckt Günter voller Vorfreude und lernt gerne.

Unwichtige Informationen speichert dein
Gehirn im Kurzzeitgedächtnis ab.

57. Das Kurzzeitgedächtnis

»Aber lernen ist doch so anstrengend!«, jammert Günter. »Und das meiste vergisst du sowieso wieder …« Nicht wenn du es richtig machst! Denn dann fällt dir das Lernen leicht und du kannst dir alles besser merken. Also lautet die spannende Frage: Wie lernt man richtig?

Menschen lernen mit dem Gehirn. Darin werden alle Informationen gespeichert – wie in einem großen Computer. Alle? Nicht ganz! Denn manches vergisst du sofort wieder: zum Beispiel Telefonnummern, die du nur einmal wählst. Oder Namen von Leuten, die du nie wieder triffst. Und warum? Weil diese Informationen zu unwichtig sind, um sie dir langfristig zu merken – dein Gehirn speichert sie im so genannten »Kurzzeitgedächtnis« ab. Und sobald du sie nicht mehr brauchst, werden die Infos wieder gelöscht – du vergisst sie also wieder. Wie praktisch: So musst du keine unnützen Gedanken mit dir herumschleppen! Wozu gibt es Notizbücher …

Wichtige Informationen speichert dein Gehirn im Langzeitgedächtnis ab.

58. Das Langzeitgedächtnis

Andere Informationen vergisst du nicht so schnell: zum Beispiel dein Geburtsdatum oder den Namen deiner Mutter. Warum? Weil diese Infos so wichtig sind, dass dein Gehirn sie im »Langzeitgedächtnis« speichert! Du merkst sie dir also so gut, dass du sie für lange, lange Zeit behältst – du brauchst sie ja auch immer wieder. Wie praktisch: So musst du keine unnützen Notizbücher mit dir herumschleppen! Wozu hast du deinen Grips?

Auch beim Lernen speicherst du neue Informationen entweder im Langzeit- oder im Kurzzeitgedächtnis ab – je nachdem ob Günter sie für wichtig oder unwichtig hält. Das funktioniert meist ganz gut, außer wenn Günter etwas Wichtiges als unwichtig ansieht. Denn das vergisst du leider wieder … Also sollte Günter wichtige Informationen als solche erkennen und sie sofort ins Langzeitgedächtnis schicken. »Aber wie geht das?«, fragt er sich. Ganz einfach: mit ein paar Lern-Techniken!

Info + Gefühl = Langzeitgedächtnis!
Also: immer mit viel Gefühl lernen!

59. Lernen? Mit Gefühl!

Worin liegt für Günter der Unterschied zwischen wichtig und unwichtig? Zum Beispiel im Gefühl! Denn immer wenn Günter eine neue Info mit einem Gefühl verknüpft, schickt er sie ins Langzeitgedächtnis – und das Lernen fällt dir leicht. Wenn ihm die neue Information aber egal ist (sie also kein besonderes Gefühl hervorruft), schickt er sie ins Kurzzeitgedächtnis – und das Lernen fällt dir schwer. Ein Beispiel: Wenn du dich in jemanden verliebt hast, fällt es dir sehr leicht, dir ihren/seinen Namen zu merken oder Dinge, die sie/er mag. Wenn dich jemand nicht sonderlich interessiert, klappt es dagegen nicht so gut …

Sorge also beim Lernen immer für möglichst intensive und schöne Gefühle – und zwar ohne Stress, Angst oder Krach, denn das macht das Lernen schwieriger: Oder könntest du dich beim Achterbahnfahren auf ein Diktat konzentrieren? Wohl kaum. Am besten lernst du also an einem ruhigen Plätzchen, an dem du dich wohl fühlst und wo dich nichts ablenkt. Du schaltest Radio, TV oder Handy aus und sagst allen Bescheid: »Ich will jetzt nicht gestört werden!«

Algebra Grammatik

Vererbungslehre

Gesteinsformatione

Gedichtinterpretation Säuren

Halbwertszeiten

Epochen

verschaff dir einen Überblick über deinen Lernstoff!

60. Übersicht und Ausblick

Jetzt, wo die Lernatmosphäre stimmt, lenkst du Günters Aufmerksamkeit auf das, was du lernen willst. Dabei verschaffst du dir erst mal einen groben Überblick: Ein Kapitel Englisch besteht zum Beispiel aus Texten, Übungen, einem Grammatikteil und Vokabeln. »Aha!«, denkt sich Günter nun. »Gleich kommt also Englisch dran. Und dabei lesen wir Texte, machen Übungen, lernen Grammatik und Vokabeln.« So kann sich Günter aufs Lernen einstellen und bleibt dabei ganz entspannt.

Nun bringst du dich in die richtige Lernstimmung. Am besten, indem du dich fragst, wie dir das Lernen nützt, und du dir deine Lernerfolge so genau wie möglich vorstellst. Und dann schwärmst du Günter davon vor: »Bald kriegen wir super Noten und in den Ferien flirten wir auf Englisch!« Oder du erklärst Günter, was dir droht, wenn du nicht lernst: »Dann gibt es wieder nur eine Fünf, Megazoff mit den Eltern und peinliches Stottern am Strand …« Wetten, dass Günter nun lernen will?

Sechste Zusam…
(für organisierte Schweinehunde)

Erst die Pflicht, dann das Vergnügen.

Jeder Mensch hat täglich 24 Stunden Zeit. Nutze sie gut!

Alles, was du tust, ist entweder dringend oder nicht dringend, wichtig oder unwichtig.

Schreibe dir deine Aufgaben auf eine Liste: Was will ich heute tun? Und in welcher Reihenfolge?

Erledige zuerst das Wichtige und danach das Dringende!

enfassung

Lästiges Lernen? Stell dir vor, welche Erfolge dir das Lernen bringt!

Unwichtige Informationen speichert dein Gehirn im Kurzzeitgedächtnis ab.

Wichtige Informationen speichert dein Gehirn im Langzeitgedächtnis ab.

Info + Gefühl = Langzeitgedächtnis! Also: immer mit gutem Gefühl lernen!

Verschaff dir einen Überblick über deinen Lernstoff!

Teile den Lernstoff in lauter kleine Abschnitte ein!

61. Salami und Emmentaler

Nachdem du dir einen Überblick verschafft hast, teilst du dir den Lernstoff nun in lauter kleine Abschnitte ein: Text eins, Text zwei, Text drei. Übung eins, Übung zwei, Übung drei und so weiter. So erscheint dir das Thema nicht wie ein großer Berg, sondern wie lauter kleine Häppchen. Du wendest die so genannte »Salami-Taktik« an. Denn: Wie isst man eine große Salami am besten? Genau: in lauter kleinen Scheiben! Als Nächstes machst du dir einen Plan, was du wann erledigen willst: zuerst bis 15 Uhr die Texte lesen, dann bis 16 Uhr Vokabeln und Grammatik lernen und danach alles üben. Diese Reihenfolge arbeitest du einfach ab – du verspeist die Salami Scheibe für Scheibe ...

Neben der Salami-Taktik gibt es auch die »Emmentaler-Taktik«: Stell dir dein Lernthema wie einen großen Käse vor, in den du Löcher hineinbohren darfst. Reihenfolge und Größe der Löcher sind egal: vielleicht erst Text drei, dann Übung eins, nun die Vokabeln, hinterher ein wenig Grammatik, dann Text zwei und so weiter. Fang einfach mit dem Lernen an, bald flutscht es wie von selbst! Und dann bohrst du so lange weiter, bis kein Käse mehr da ist ...

Lerne mit möglichst viel Fantasie,
Spaß und Spannung!

62. Leicht lernen

Du kannst dir beim Lernen auch lauter spannende Geschichten ausdenken: Warum machst du heute Englisch? Weil deine Lieblingsband will, dass du für sie Songtexte schreibst! Und warum übst du Mathe? Weil du bei einer Rechen-Show im Fernsehen mitspielst! Je intensiver und verrückter deine Fantasien sind, desto leichter fällt dir das Lernen – und desto eher landen neue Infos im Langzeitgedächtnis. Oder verwende lauter verrückte Eselsbrücken! Merk dir zum Beispiel die Tonleiter (c, d, e, f, g, a, h) mit dem Satz: »Chaotische Dämonen essen frisch gekochte Austern hammerhart.« Obwohl er absurd ist, kannst du ihn dir gut merken – und zwar viel besser als eine langweilige Buchstabenreihe!

Und: Lerne am besten mit mehreren Sinnen gleichzeitig – wie dem Sehen, Hören und Fühlen! Englisch-Vokabeln merken? Ganz einfach: Wie sehen sie aus? Wie hören sie sich an? Und wie fühlen sie sich an? Fühlen kannst du sie übrigens, indem du sie immer wieder nachschreibst oder sogar nachspielst: Spring doch mal in die Luft und ruf dabei so laut wie möglich »jump«! So wirst du nie wieder vergessen, dass »to jump« »springen« heißt … Überhaupt: Geh alles Lernen immer so spielerisch wie möglich an! Und wenn dir Günter dabei hilft, dann lobe ihn dafür: »Super, Günter, du lernst richtig gut!«

Je öfter du Neues wiederholst,
desto leichter merkst du es dir!

63. Wiederholen und nachdenken

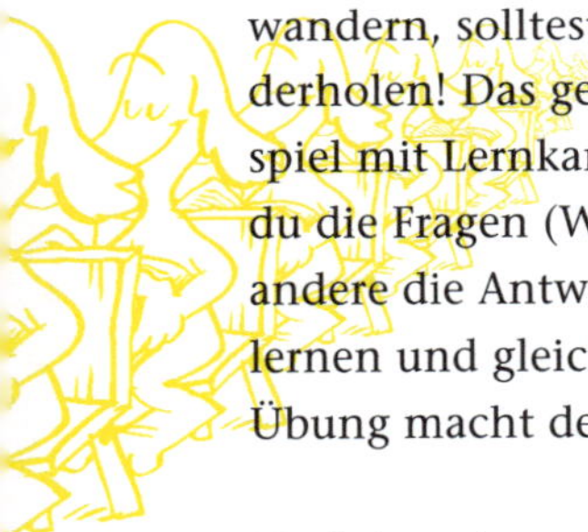

Auch wenn Günter neue Informationen immer wieder hört und sieht, erscheinen sie ihm wichtig. Damit sie also sicher ins Langzeitgedächtnis wandern, solltest du neue Infos möglichst oft wiederholen! Das geht ebenfalls spielerisch – zum Beispiel mit Lernkarten: Auf die eine Seite schreibst du die Fragen (Was heißt »to jump«?) und auf die andere die Antworten (»springen«). So kannst du lernen und gleichzeitig Karten spielen! Los geht's: Übung macht den Meister.

Nachdem du etwas Neues gelernt hast, stürz dich aber nicht gleich aufs nächste Thema, sondern denk über dein neues Wissen erst mal nach! Am besten, indem du es wiederholst oder sofort anwendest: Englisch gelernt? Gleich einen Songtext übersetzen! Mathe gemacht? Jetzt ein paar Aufgaben rechnen! Einen neuen Tanzschritt ausprobiert? So lange tanzen, bis die Bewegung in Fleisch und Blut übergegangen ist! Und wenn du etwas nicht verstanden hast, dann sprich darüber mit anderen, die das Gleiche lernen! So könnt ihr euch gegenseitig helfen.

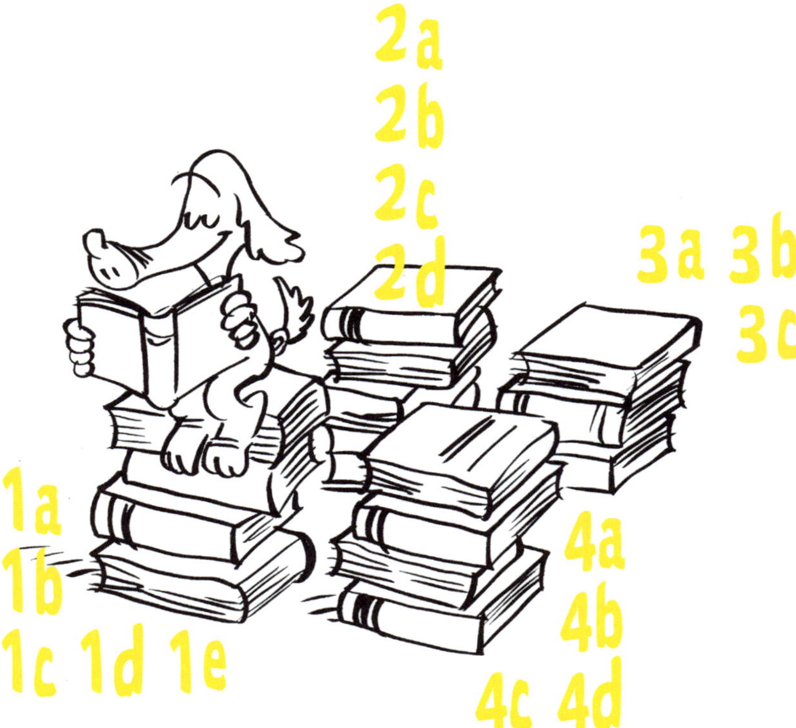

Fasse ähnliche Aufgaben in Blöcken
zusammen! Und wechsle die Blöcke ab!

64. Abwechslung tut gut

Günter wird es schnell langweilig. Und wenn du zu lange beim gleichen Thema bleibst, ärgert er dich: »Hör endlich auf, ich habe keine Lust mehr!« Das macht die Konzentration natürlich schwierig. Besser also, du sorgst für Abwechslung: Nach einer Weile Mathe am Schreibtisch freut sich Günter zum Beispiel über ein bisschen Bewegung. Was hältst du von zehn Minuten an der frischen Luft? Danach machst du mit Englisch weiter und wechselst anschließend zu einem neuen Thema. So widmest du dich immer wieder anderen Dingen – und bist dabei jedes Mal frisch und ausgeruht.

Aber Vorsicht: Spring nicht zu sehr hin und her, sondern fasse ähnliche Themen in Blöcken zusammen! Also nicht etwa erst Englisch lernen, dann Mathe, nun wieder Englisch, und dann Mathe, sondern besser Englisch, Englisch, Englisch und dann Mathe, Mathe, Mathe. Sonst kommt Günter nämlich durcheinander …

Besser zu viel zu tun als zu wenig!

65. Ein bisschen Stress muss sein

»Das hört sich stressig an …«, motzt Günter. Völlig unnötig, denn ein bisschen Stress darf ruhig sein: Wissenschaftler haben herausgefunden, dass glückliche Menschen meist irgendwie beschäftigt sind – also muss man schon etwas zu tun haben, um sich immer gut zu fühlen! Und mal ehrlich: Wie oft bist du denn wirklich so richtig überfordert und gestresst? Wahrscheinlich nicht so oft … Also mach dir keine Gedanken über Stress oder Überforderung! Unterforderung ist viel schlimmer: Denn wer sich unterfordert, traut sich bald nur noch wenig zu und entwickelt sich kaum weiter. Außerdem: Gibt es etwas Unangenehmeres als Langeweile? »Stimmt genau«, sagt Günter, »Langeweile ist wirklich stressig!«

Also geh deine Aufgaben einfach an – selbst wenn du dich dazu erst mal überwinden musst! Du wirst sehen: Schon bald bist du so darin vertieft, dass es dir richtig Spaß macht. Denn nun ist Günter so im Gedankenfluss, dass er überhaupt nichts anderes mehr tun will …

Große Ziele machen die Arbeit leichter.

66. Die Macht von Zielen

Damit du immer gut in Schwung kommst, gibt es einen kleinen Trick: Such dir möglichst große und schöne Ziele aus! Denn die will Günter gerne erreichen – selbst wenn es mal schwierig wird. (Und du weißt ja: Nicht das Erzählte reicht, sondern das Erreichte zählt.) Du willst zum Beispiel mit deinem Sportteam Landesmeister werden? Dann hilft dir Günter gerne beim Trainieren! Du willst ein/e gute/r Schauspieler/in sein? Dann drängt dich Günter zum Textlernen! Du willst zum Schüleraustausch in die USA? Dann ist Günter plötzlich ganz scharf auf Vokabeln! Große Ziele machen so manches leicht, was ohne Ziele anstrengend erscheint.

Und wenn vor deinen großen Zielen mal ein Hindernis auftaucht oder du einen Misserfolg einstecken musst, gibt Günter trotzdem nicht auf. Viel eher macht er dir Mut: »Keine Sorge, bestimmt läuft es bald wieder besser! Misserfolge sind schließlich nur Zwischenergebnisse …« Ja, manchmal freut er sich über Fehler oder Rückschläge sogar: »Probleme? Prima: eine neue Aufgabe!« Denn wenn du aus Fehlern lernst, werden Umwege zu Abkürzungen …

sei hartnäckig und schiebe die Schuld
nie auf ungünstige Umstände!

67. Hartnäckigkeit und Sündenböcke

Natürlich brauchst du auch ein wenig Hartnäckigkeit, um deine Ziele zu erreichen. Wusstest du, dass der Erfinder der Glühbirne (Thomas Alva Edison, 1847–1931) über 10000 Versuche gebraucht hat, bis er endlich eine Birne zum Leuchten brachte? Vorher musste ihm sein innerer Schweinehund also mindestens 9999-mal Mut machen: »Super: Schon wieder hast du herausgefunden, wie es nicht geht! Beim nächsten Mal klappt es bestimmt!« Und tatsächlich: Eines Tages hatte sein Schweinehund Recht …

Manche machen ja den Fehler, dass sie ihre Niederlagen auf widrige Umstände schieben. Miese Schulnote? Nur wegen der fiesen Fragen! Beim Tennis verloren? Zu starker Seitenwind! Dabei haben andere unter den gleichen Umständen bessere Ergebnisse erzielt: also gute Noten geschrieben oder das Match gewonnen. Deshalb Vorsicht, wenn Günter nach Sündenböcken sucht: Wer seine Niederlagen auf die Umstände schiebt, muss auch seine Erfolge auf die Umstände schieben!

Feiere deine Erfolge
und mach immer wieder Pausen!

68. Erfolge feiern und Pausen machen

Wer einmal in Schwung gekommen ist, der erlebt auch bald seine ersten Erfolge. Und Erfolge führen zu immer neuen Erfolgen. Die solltest du natürlich auch immer feiern, denn Günter feiert sehr gerne. Also: Erfolg gehabt? Gönn dir etwas Schönes! Teilerfolg gehabt? Mach eine Party draus! Wieder ein Erfolg? Wieder feiern! So steckt Günter immer voller Vorfreude auf den nächsten Erfolg und unterstützt dich, wo er nur kann. Und wenn der Erfolg mal ausbleibt, ist es halb so wild: Schließlich helfen dir die Ziele trotzdem dabei, gut vorwärts zu kommen – du musst sie also gar nicht immer erreichen ...

Vergiss aber nicht, genügend Pausen zu machen! Denn auch Entspannung ist wichtig – zum Beispiel beim Lernen: Wenn du nämlich entspannt bist, kann Günter in aller Ruhe deine Gedanken sortieren und du kannst dir neu Gelerntes viel besser merken. Deswegen solltest du auch genügend schlafen und Sport treiben. Denn im Schlaf und beim Sport sortiert Günter Gedanken besonders gut. Die Kunst des Ausruhens ist also ein Teil der Kunst des Arbeitens.

= **Effektivität**

Es ist viel wichtiger, das Richtige zu tun,
als immer alles richtig zu tun.

= **Effizienz**

69. Perfektionismus? Nein, danke!

»Perfekt!«, freut sich Günter. »Bald wirst du immer alles perfekt erledigen!« Nein, Günter: Das sollst du überhaupt nicht! Denn wer immer alles perfekt machen will, ist nie zufrieden und verzettelt sich in unwichtigen Kleinigkeiten: Stell dir mal vor, ein perfektionistischer Schweinehund will einen perfekten Liebesbrief schreiben. Doch weil der Ärmste dafür zu lange braucht, verliebt sich sein/e Angebetete/r inzwischen in einen anderen Schweinehund, dessen Liebesbrief zwar nicht so perfekt ist, aber dafür viel früher ankommt ...

Schlaue Leute haben sich dafür zwei komplizierte Begriffe ausgedacht: »Effizienz« und »Effektivität«. Effizienz heißt, etwas richtig zu machen – also einen möglichst perfekten Liebesbrief zu schreiben. Effektivität aber bedeutet, das Richtige zu tun – den Liebesbrief früh genug abzuschicken, weil er sonst nämlich nichts bringt. Also ist Effektivität wichtiger als Effizienz. Oder anders ausgedrückt: Was du tust, muss nicht perfekt sein, sondern wirkungsvoll!

80%

Nur 20 Prozent des Einsatzes erbringen
80 Prozent des Ergebnisses.

20%

70. Das Pareto-Prinzip

»Aber bin ich nicht wirkungsvoll, wenn ich alles perfekt erledige?« Nein, Günter! Wegen des Pareto-Prinzips. Der italienische Wissenschaftler Vilfredo Pareto (1848–1923) fand etwas sehr Spannendes heraus: Nur 20 Prozent aller Familien besaßen 80 Prozent des Vermögens Italiens! Dieses 80:20-Verhältnis heißt seitdem »Pareto-Prinzip« und gilt für sehr viele Lebensbereiche: Mit 20 Prozent deiner Freunde verbringst du zum Beispiel 80 Prozent deiner Freizeit, von deinen Musik-CDs hörst du wahrscheinlich 20 Prozent in 80 Prozent der Gesamtzeit des Musikhörens und mit 20 Prozent deiner Aufgaben schaffst du 80 Prozent Ergebnis.

Andersherum stammen 80 Prozent deiner Sorgen von nur 20 Prozent deiner Probleme oder du verschwendest 80 Prozent deiner Zeit für nur 20 Prozent vom Ergebnis. Also ist es sehr wichtig, sich auf die richtigen Dinge zu konzentrieren und die unwichtigen einfach bleiben zu lassen. Denn schon mit einem Aufwand von nur 20 Prozent bist du wirkungsvoll!

Siebte Zusamm
(für fleißige Schweinehunde)

Teile den Lernstoff in lauter kleine Abschnitte ein!

Lerne mit möglichst viel Fantasie, Spaß und Spannung!

Je öfter du Neues wiederholst, desto leichter merkst du es dir!

Fasse ähnliche Aufgaben in Blöcken zusammen! Und wechsle die Blöcke ab!

Besser zu viel zu tun als zu wenig!

nfassung

G roße Ziele machen die Arbeit leichter.

S ei hartnäckig und schiebe die Schuld nie auf ungünstige Umstände!

F eiere deine Erfolge und mach immer wieder Pausen!

E s ist viel wichtiger, das Richtige zu tun, als immer alles richtig zu tun.

N ur 20 Prozent des Einsatzes erbringen 80 Prozent des Ergebnisses.

Die
Pflichten
sind erledigt.
Jetzt ist Freizeit!

71. Deine Freizeit

»Moment!«, wundert sich Günter. »Und was ist mit den übrigen 80 Prozent, um die du dich nicht kümmerst?« Ganz einfach: Weil du deine wichtigsten Aufgaben schon erledigt hast, steckst du die übrigen 80 Prozent in deine Freizeit! Denn die ist genauso wichtig – schon vergessen?

»Freizeit? Freizeit ist super!« Günter freut sich. »In deiner Freizeit kannst du telefonieren, Freunde treffen, Musik hören, ins Kino gehen, Eis und Hamburger essen, faulenzen, fernsehen, Computerspiele spielen, Klingeltöne runterladen, simsen, Klamotten einkaufen …« Ja, Günter, das kannst du alles tun. Und all das kann sehr abwechslungsreich, sinnvoll und befriedigend sein, viel Spaß machen und spannende Erfahrungen bringen. Aber Vorsicht: Freizeit kann auch ziemlich langweilig sein, dumm, aggressiv und krank machen und dir jede Menge Probleme einbringen! Und das ist dann weniger super …

In deiner Freizeit: Tu einfach das Richtige,
lass das Falsche lieber bleiben!

72. Die Freizeit – gut oder schlecht?

Eigentlich ist es mit der Freizeit genauso wie mit den anderen Lebensbereichen auch: Man kann sie sinnvoll verbringen oder weniger sinnvoll. Sinnvoll verbracht, bereichert Freizeit dein Leben: Du sammelst wertvolle Erfahrungen, entwickelst deine Stärken weiter und befriedigst deine Wünsche. Sinnlos verbracht, führt Freizeit zum genauen Gegenteil: Du förderst deine Schwächen, verblödest langsam und suchst ständig nach dem schnellen Kick – der dich nie befriedigt, denn du brauchst immer gleich den nächsten ... Also: Was ist dir lieber?

Du merkst schon: Nachdenken lohnt sich! Denn nur wenn du auch deine Freizeit im Griff hast, führst du ein wirklich rundes Leben. Und keine Sorge, so schwierig ist das gar nicht: Eigentlich musst du nur das Richtige tun und das Falsche bleiben lassen – genau wie beim Umgang mit dir selbst und mit anderen und beim Erledigen deiner Pflichten. Wenn du das machst, läuft alles wie von alleine ...

Such dir ein Hobby, das dir Spaß macht!

73. Dein Hobby

Verbring deine Freizeit zum Beispiel mit einem Hobby! Denn dabei kannst du deine Stärken weiterentwickeln und bist meist mit Leuten zusammen, die deine Interessen teilen. Also: Was interessiert dich? Was tust du gerne? Und was fällt dir leicht? Vielleicht Gitarre spielen, Hunde dressieren oder campen und wandern? Dann spiel in einer Band mit, geh regelmäßig auf den Hundeplatz oder zu den Pfadfindern! Das macht Günter Spaß und bereichert dein Leben.

Außerdem lernst du so mühelos Dinge, die dich wirklich interessieren – mit echter Leidenschaft und ganz ohne Druck: wie komplizierte Gitarrengriffe, die perfekte Hundeerziehung oder das Überleben in der Wildnis. Vielleicht wird aus deinem Hobby später sogar dein Beruf? Schon mancher Traumjob hat mal als Hobby begonnen ...

Und wenn dir dein Hobby zu langweilig wird, dann probierst du eben ein neues aus!

Gewöhn dir an, regelmäßig Sport zu treiben!

74. Sport macht stark

Auch Sport ist eine super Freizeitbeschäftigung. »Sport?« Günter erschrickt. »Sport ist Mord!« Aber nein, ganz im Gegenteil: Biologisch betrachtet sind wir Menschen Tiere – und damit es Tieren gut geht, müssen sie sich bewegen. Nicht umsonst rennen Hamster im Laufrad und gehen Hunde gerne Gassi. Also ist Sport auch für uns Menschen gut! Wissenschaftler haben bewiesen, wie gut es Sportlern meist geht: Sie sind gesünder, stärker, ausgeglichener und können sich sogar besser konzentrieren als Nichtsportler – besonders wenn sie einen Sport machen, bei dem Günter viel Ausdauer braucht wie Ballspielen, Joggen oder Badminton.

Wer sich dagegen zu wenig bewegt, dem drohen bald Rückenschmerzen und Kurzatmigkeit, Stoffwechselstörungen und Psycho-Probleme. Und schon nach ein paar Jahren riskieren Nichtsportler lauter hässliche Krankheiten wie Herzinfarkte, Schlaganfälle oder Krebs. Gewöhn dir deshalb lieber an, Sport zu treiben! Denn: Wenn Günter heute schon zum Sportfan wird, bist du auch morgen noch gesund ...

vorsicht vor Bildschirmen!
sie stehlen dir deine Zeit
und du fühlst dich nur schlecht.

75. Vorsicht, Bildschirm!

Vorsicht vor Bildschirmen – sie haben es in sich! Wenn Günter zum Beispiel das TV-Programm checkt, bleibt er gerne mal hängen: an hektischen Zeichentrickfilmen, dumpfen Idiotenshows, unrealistischen Schmalzgeschichten oder sinnloser Werbung. Und weil Günter meist wissen will, wie es weitergeht, hält ihn der Bildschirm ein paar Stunden lang fest – wie übrigens auch Computerspiele oder Internetsurfen. Und hinterher bist du dümmer als vorher! Denn in der Zwischenzeit hast du die Wirklichkeit verpasst und deine Freizeit mit Info-Müll vertrödelt. Und wie fühlt sich das an? Klar: Du bist schlapp, unzufrieden und innerlich aufgekratzt. Dabei hättest du dich genauso gut bewegen, ein schlaues Buch lesen oder dich deinem Hobby widmen können. Tja, dumm gelaufen, Günter …

Deshalb: Vorsicht vor Bildschirmen! Mach dir vorher immer ein klares Programm, was du anschauen willst, und schalte die Kiste hinterher ab. Das Leben ist viel spannender als eine vorgegaukelte Traumwelt.

Fernsehen = Werbung = Szene + Marke
= Günter will kaufen!

76. Vorsicht, Werbung!

Übrigens: Wusstest du schon, dass die meisten Fernsehsender (und Zeitschriften) ihr Geld mit Werbung verdienen? Nicht umsonst sieht man ständig Zahnpasta, Versicherungen, Autos, Süßigkeiten und so weiter. Denn Günter kauft gerne das ein, was er schon aus dem Fernsehen kennt … Also will dich das Fernsehen nicht etwa gut unterhalten, sondern dir lauter Produkte verkaufen. Und wenn dir mal wieder die neuesten Klingeltöne, Spielzeuge oder CDs präsentiert werden, will eigentlich nur jemand an dein Geld.

Meistens funktioniert Werbung immer gleich: Erst zeigt sie eine schöne Stimmung, coole Szene oder witzige Situation. Dann zeigt sie dazu ein Produkt oder eine Marke, die Günter jetzt natürlich schön, cool oder witzig findet. Und schon drängt er dich zum Kaufen! Ein Beispiel: Gut aussehende Jugendliche tanzen lässig am Strand und tragen dabei bestimmte Klamotten. Du siehst den Werbespot ein paarmal, und schon erzählt dir Günter: »Du brauchst etwas Neues zum Anziehen!« Nur – von welcher Marke? Rate mal … So leicht lässt man sich für dumm verkaufen!

Günters Kaufdrang ist unersättlich. Deshalb schlaf erst mal drüber, wenn er etwas haben will!

77. Kaufen, kaufen!

In der Werbung sieht Günter lauter Buntes, Neues und Schönes. Also denkt er, dass dir etwas fehlt, und rät dir »Kaufen, kaufen!«, obwohl du wahrscheinlich gar nichts brauchst. Doch sobald Günter etwas neu besitzt, wird es ihm schnell wieder langweilig. Schließlich gibt es noch so viel anderes Buntes, Neues und Schönes! Und das will Günter dann wieder kaufen, kaufen …

Um nicht in diese Spirale zu geraten, kaufst du lieber nur die Dinge, die du wirklich haben willst. Teste dich dabei selbst: Bevor du etwas kaufst, schlaf erst eine Nacht darüber! Ist dein Kaufwunsch morgen auch noch so stark? Und übermorgen? Und überübermorgen? Wenn ja, kannst du mit gutem Gewissen kaufen – Günter wird sich lange darüber freuen. Wenn dein Wunsch aber von Tag zu Tag geringer wird, dann freu dich darüber, dass du nichts gekauft hast! Denn so sparst du dein Geld für etwas wirklich Buntes, Neues und Schönes. Und das kannst du dir dann sogar leisten …

Werbung erzählt dir, was du angeblich alles brauchst. Und dabei lügt sie oft!

78. Unwahre Werbung

Oft erzählt Werbung sogar Lügen. Ist dir zum Beispiel schon aufgefallen, wie schlank die Leute in der Süßigkeiten-Werbung aussehen? Die meisten Schoko-, Bonbon- oder Eis-Esser sind viel dicker! Oder wie sieht Zigarettenwerbung aus? Die Raucher sind da immer so schön und cool dargestellt – dabei haben sie in Wirklichkeit gelbe Zähne und alte Haut, müssen husten und haben Angst vor dem Aufhören. Und Alkoholwerbung? Genauso: Sie will Günter einreden, dass Bier, Wein oder Alkopops saufen etwas mit Frische, Geschmack oder Partys zu tun hat. Dabei sehen Säufer alles andere als frisch aus. Und gut drauf sind sie erst recht nicht: Hast du schon mal Betrunkene lallen, torkeln und auf die Straße kotzen sehen?

Kurz: Die Aufgabe von Werbung ist es nicht, Günters Bedürfnisse zu befriedigen. Viel eher soll Werbung die Bedürfnisse erst schaffen! Du wirst also systematisch mit Schwachsinn zugeballert, damit du für etwas Geld ausgibst, das du vorher niemals gebraucht hast.

Schokoloade
Kekse Nougat
Torten Kuchen
Pralinen Konfekt
Bonbons Trüffe

Süßigkeiten-Esser wollen Süßes essen,
weil ihnen ohne etwas fehlt ...

79. Süßigkeiten und Blutzucker

Noch Zweifel? Dann wieder zu den Süßigkeiten: Sicher kennst du Leute, die keine Süßigkeiten essen. (Vielleicht du selbst?) Und du kennst welche, die Süßigkeiten regelmäßig in sich hineinstopfen. Wo liegt der Unterschied zwischen beiden? Klar: Die einen brauchen keine Süßigkeiten und den anderen scheint ohne sie etwas zu fehlen. Warum nur? Weil sich die »Süßen« von der Werbung (und auch von anderen Vorbildern) Appetit machen lassen! Und wegen des Blutzuckers.

»Was ist denn Blutzucker?«, wundert sich Günter. Ganz einfach: Dein Körper braucht Energie. Diese Energie kann er aus Zucker gewinnen, wie dem Zucker aus Süßigkeiten. Nachdem du also etwas Süßes gegessen hast, wandert der Zucker ins Blut und dein Blutzucker steigt (der so genannte Blutzuckerspiegel geht also nach oben). Doch damit Körperzellen aus diesem Zucker Energie gewinnen können, muss er erst mal in die Zellen hineinkommen. Und dafür braucht er Insulin.

Süßes essen,
Blutzucker rauf,
Insulin rauf,
Blutzucker runter,
Hunger rauf,
Süßes essen!

80. Ein Schlüssel namens Insulin

»Insulin? Was ist denn das?« Insulin ist ein Hormon (eine Art kleiner Helfer im Körper). Sobald du Zucker gegessen hast, schüttet deine Bauchspeicheldrüse Insulin ins Blut aus. Insulin schließt dem Blutzucker nämlich die Zellen auf – es funktioniert also ähnlich wie ein Schlüssel. Doch was passiert, sobald der Zucker in den Zellen verschwindet? Dein Blutzuckerspiegel sinkt wieder ab! Und plötzlich bekommst du wieder Hunger und Appetit. Also erzählt dir Günter: »Zeit für etwas Süßes!«, und schon greifst du zur nächsten Süßigkeit ...

Na? Kapiert? Süßigkeiten führen zum Auf und Ab deines Blutzuckers. Und das führt zum Auf und Ab von Hunger! Also stillen Süßigkeiten »den kleinen Hunger« gar nicht, sondern sie rufen ihn hervor! Wer Zucker isst, will gleich wieder Zucker essen ... Doch leider enthält Zucker auch viel Energie. Und wer diese Energie nicht braucht (weil er vielleicht öfter fernsieht, anstatt sich zu bewegen), dessen Körper baut den Zucker einfach in Fett um. Das lagert sich dann ab und man wird immer dicker und dicker. Echt bitter also, der Zucker ...

Die Energie aus der Nahrung misst man übrigens in »Kalorien«: viel Energie, viele Kalorien – wenig Energie, wenig Kalorien.

Achte Zusamm

(für aktive Schweinehunde)

Die Pflichten sind erledigt. Jetzt ist Freizeit!

In deiner Freizeit: Tu einfach das Richtige, lass das Falsche lieber bleiben!

Such dir ein Hobby, das dir Spaß macht!

Gewöhn dir an, regelmäßig Sport zu treiben!

Vorsicht vor Bildschirmen! Sie stehlen dir deine Zeit und du fühlst dich nur schlecht.

nfassung

Fernsehen = Werbung = Szene + Marke = Günter will kaufen!

Günters Kaufdrang ist unersättlich. Deshalb schlaf erst mal drüber, wenn er etwas haben will!

Werbung erzählt dir, was du angeblich alles brauchst. Und dabei lügt sie oft!

Süßigkeiten-Esser wollen Süßes essen, weil ihnen ohne etwas fehlt …

Süßes essen, Blutzucker rauf, Insulin rauf, Blutzucker runter, Hunger rauf, Süßes essen!

Zucker + Fett = Insulin rauf

= Fett in die Fettzelle!

81. Zucker und Fett

Insulin lässt aber nicht nur Zucker in die Zellen hinein, sondern auch Fett. Und das wird problematisch, wenn man Süßigkeiten mit Fett gemeinsam isst: Denn so kann das Nahrungsfett ungebremst in die Fettzellen wandern … »Aber wer isst denn schon Zucker mit Fett?«, wundert sich Günter. Eigentlich jeder, der paniertes Schnitzel mit Pommes isst. Oder Currywurst. Oder Schokolade. Oder Hamburger. Oder Croissants. Oder Salamibrötchen. Oder Pizza. Oder Kuchen. Oder Spaghetti Bolognese. Oder, oder, oder …

»Häh? Verstehe ich nicht!« Keine Sorge, das verstehen nur wenige. Deshalb der Reihe nach: 1) Wir essen meist zu viel Energie (wie Zucker und Fett). 2) Dafür bewegen wir uns zu wenig (TV statt Fußball). 3) Wir essen oft automatisch, obwohl wir gar keinen Hunger haben (Chips beim Fernsehen). Und 4) haben wir meist keinen Plan, was in unseren Nahrungsmitteln tatsächlich drin ist (wie die versteckte Kombination von Zucker und Fett). Also schauen wir doch mal genauer hin!

Oft essen wir Zucker und Fett gemeinsam,
ohne es zu wissen!

82. Vorsicht, Falle!

Warum ist ein paniertes Schnitzel eine Zucker-Fett-Kombination? Weil das Fleisch Fett enthält und die frittierte (auch Fett!) Panade aus Weißmehl gemacht wird – und Weißmehl enthält Stärke, die dein Körper in Zucker umwandelt! Und Pommes? Frittierfett und Kartoffelstückchen – ebenfalls lauter Stärke, die zu Zucker wird! Currywurst? Die Wurst enthält viel Fett und der Ketchup lauter Zucker (schmeckt man leider nicht raus, weil noch lauter Gewürze drin sind)! Schokolade? Zucker mit viel Fett (kannst du auf der Verpackung nachlesen)! Hamburger? Hackfleisch (Fett) mit Ketchup (Zucker) und Weißbrot (Stärke, also wieder Zucker)! Croissants? Stärke (Zucker) und Butter (Fett)! Salamibrötchen? Salami (Fett) und Butter (Fett) und Weißbrot (Stärke, also Zucker)! Pizza? Teig (Stärke, also Zucker) mit Käse (Fett)! Kuchen? Gezuckerter Teig (Stärke und Zucker) und Butter oder andere Fette! Spaghetti Bolognese? Nudeln (Stärke) und Fleisch (Fett)! Und so weiter …

Du siehst: Alles versteckte Zucker-Fett-Kombinationen! Und alles lauter Energiebomben, die dein Körper in Fett umwandelt!

Süße Getränke machen Hunger;
koffeinhaltige Getränke machen Durst.

83. Süße Getränke und Koffein

Und es gibt noch mehr fiese Fallen: Wusstest du zum Beispiel, dass auch Cola lauter Zucker enthält? (Wie Limonade, Zitronentee, Apfelschorle und viele andere süße Getränke übrigens auch. Lies mal die Zutatenlisten!) Also lässt ein Glas Cola deine Bauchspeicheldrüse Insulin produzieren, und dein Blutzucker fällt nach einem kurzen Hoch wieder steil ab. Das macht dir wiederum Hunger und Appetit! Und nun »musst« du wieder etwas essen, obwohl du das ohne Cola nicht gebraucht hättest …

Übrigens enthält Cola (wie Kaffee auch) Koffein. Und das putscht künstlich auf und macht dich nervös. Leider regt es auch deine Nieren dazu an, Flüssigkeit auszuscheiden, und du rennst ständig aufs Klo. Doch wenn du Flüssigkeit verlierst, bekommst du wieder Durst. Und was will Günter dann wohl trinken? Eine Cola natürlich! Also denk daran, wenn dir die nächste Cola-Werbung erzählt, wie cool und erfrischend Cola Durst löschen soll: alles Quatsch! Wie bei den meisten anderen Süßgetränken auch …

1) Iss nur, wenn du Hunger hast!

2) Iss weniger Süßes!

3) Iss mehr Salat und Gemüse!

84. Richtig essen und trinken – Teil 1

»Aber: Was darfst du dann überhaupt noch essen und trinken?«, wundert sich Günter. Fast alles! Nur sollte sich Günter dabei etwas schlauer anstellen. Dann kannst du nämlich weiterhin alles essen, was du willst. Nur eben ein bisschen anders.

Hier ein paar Tipps: 1) Iss nicht zu viel! Bevor du etwas isst, frag dich zuerst: »Habe ich überhaupt Hunger?« Wenn nein, dann iss auch nichts! 2) Iss weniger Süßigkeiten (also weniger Zucker)! Denn dann hüpft dein Blutzuckerspiegel nicht wie ein Jo-Jo rauf und runter, du hast weniger Heißhunger und deine Fettzellen werden wieder schlank. Vorsicht: Auch Weißbrot, Nudeln, Reis oder Kartoffeln werden zu Zucker! Greif stattdessen lieber zu Vollkornbrot (wird viel langsamer in Zucker umgewandelt), Salat und Gemüse! Überhaupt: 3) Iss mehr Salat und Gemüse! Das kannst du prima mit Zucker oder Fetten kombinieren. Also iss zum Schnitzel Salat anstatt Pommes (und iss das Schnitzel lieber »natur« und nicht paniert)! Iss die Wurst lieber mit Gemüse anstatt mit Zuckerketchup! Iss Kebab oder Gyros nicht im Fladenbrot, sondern auf dem Teller und nimm dir Salat dazu!

4) Trenne süß und salzig!

5) Viel trinken!

6) Weniger Fast Food!

7) Nicht nebenher essen!

8) Viel bewegen!

85. Richtig essen und trinken – Teil 2

Weiter geht's: 4) Trenne Süßes und Salziges! Also lass zwischen beidem ein paar Stunden vergehen. Iss zum Beispiel keine süße Nachspeise nach dem fetten Steak, sonst hättest du dir den Salat sparen können! (Im Magen vermischen sich Zucker und Fett nämlich wieder.) Oder iss Obst lieber eine Stunde vor dem Mittagessen als direkt hinterher! (Es enthält ebenfalls Zucker.) 5) Trinke so viel wie möglich, besonders ungesüßte Getränke ohne Koffein! Und Vorsicht vor Drinks mit Süßstoffen! Auch sie machen unnötig Hunger! Am besten trinkst du ungesüßte Tees oder stilles Mineralwasser – das ist gesund und erfrischt wirklich. 6) Iss weniger Fast Food! So lecker es auch sein mag: Fast immer ist die Zucker-Fett-Dröhnung drin … 7) Vorsicht vorm Naschen und Nebenher-Essen! Denn wenn du isst, während du fernsiehst oder am Schreibtisch sitzt, haust du dir schnell zu viel rein – völlig automatisch, ohne echten Hunger. Also konzentriere dich aufs Essen und iss nicht nebenher! Und 8): Wenn du schon zu viel futterst, dann häng nicht faul vor Computerspielen, dem Internet oder der Glotze herum! Beweg dich lieber! Alles klar?

Vorsicht!

Bist du viel dünner als andere und hältst dich trotzdem für zu dick? Vorsicht, Ess-Störung!

86. Schlank oder zu schlank?

Wahrscheinlich sind einige Tipps ungewohnt. Probier sie trotzdem aus! Du weißt ja: Günter findet alles Neue erst einmal ungewohnt – selbst ein neues Fahrrad. Aber nach zwei-, dreimal Ausprobieren fällt es ihm schon leichter. Also keine Sorge, stell dein Essen einfach um! Bald wirst du wahre Wunder erleben: Du wirst dich wacher und fitter fühlen, hast weniger Hunger und keinen übervollen Bauch mehr. Und nebenbei wirst du rank und schlank sein!

Apropos »rank und schlank«: Viele sind ja bereits rank und schlank. (Auch da gelten die Tipps natürlich!) Aber auch »Schlanke« haben manchmal ein Gewichtsproblem: Sie sind zu dünn! Oft, weil Günter ihnen einredet: »Du bist viel zu dick!« Dann versuchen sie abzunehmen, obwohl es längst nichts mehr zum Abnehmen gibt. Und das ist kein gesundes Essen, sondern eine Ess-Störung! Also: Wiegst du weniger als andere deiner Größe? Hältst du dich selbst für zu dick, obwohl dich alle für zu dünn halten? Macht sich jemand deswegen Sorgen um dich? Oder erbrichst du dich nach dem Essen, damit du nicht zunimmst? Dann geh zu einem Arzt oder Psychologen! Vielleicht bist du magersüchtig oder hast eine Ess-Brech-Sucht?

Problem: Bedürfnis nach Droge.
„Lösung": Droge nehmen. **Folge:** Körper baut Droge ab.
Problem: neues Bedürfnis nach Droge …

87. Drogen und Kettenreaktionen

»Seltsam …« Günter ist nachdenklich geworden. »Vieles ist anders, als es erscheint: Ich dränge dich zum fetten und süßen Essen, weil es dir schmeckt. Damit will ich dir etwas Gutes tun. Doch in Wirklichkeit kriegst du ein künstliches Auf und Ab zwischen Hunger und Nicht-Hunger. Und das schadet dir, weil du dadurch zu viel isst. Du wirst zu dick, und es geht dir schlecht. Doch wenn es dir schlecht geht, will ich dir wieder etwas Gutes tun und dränge dich zum Essen, damit du dir etwas gönnst!« Genau. Du steckst also in einer Kettenreaktion: Sobald ein Bedürfnis gestillt ist, kommt gleich wieder das nächste – denn eines ruft das andere hervor! Kurzfristig schlau, langfristig dumm …

So eine Bedürfniskettenreaktion gibt es auch bei Drogen. Denn auch Drogensüchtige bekommen eine Art Heißhunger. Aber eben nicht auf Essen, sondern auf Heroin, Kokain, Alkohol, Nikotin, Cannabis oder andere Drogen. Warum? Weil sie sich so an ihre Droge gewöhnt haben, dass ihnen ohne etwas fehlt: Die Droge stillt ein Bedürfnis, das zurückkommt, sobald der Körper die Droge wieder abbaut. Süchtige brauchen Drogen also, um sich halbwegs normal fühlen zu können. Wie geht es dir ohne Heroin, Kokain, Alkohol, Nikotin oder Cannabis? Alles okay? Glückwunsch!

Wie geht es dir ohne Zigarette?
Alles okay?

Glückwunsch!

Rauchen ist eine Sucht. Raucher sind abhängig von Nikotin.

88. Rauchen? vorsicht!

Ein typisches Beispiel für eine Sucht ist das Rauchen. »Rauchen soll eine Sucht sein?«, wundert sich Günter. »Rauchen ist doch cool! Und außerdem ist es nur eine dumme Angewohnheit.« Manchmal hat er wirklich keinen Plan, der gute Günter!

Kennst du jemanden, der raucht? (Oder rauchst du etwa selbst?) Dann weißt du sicher, dass Rauchern die Zigaretten »schmecken« und gegen »Stress helfen«. Doch was passiert, wenn ein Nichtraucher an einer Zigarette zieht? Er muss husten, ihm wird schwindlig und schlecht. Außerdem empfindet er den Rauch als Gestank. Woher kommt diese unterschiedliche Einschätzung? Vom Nikotin! Nikotin ist das Gift der Tabakpflanze, das man beim Rauchen einatmet. Der Raucher ist nämlich nikotinabhängig, der Nichtraucher nicht. Wie geht es dir ohne Zigarette? Alles okay? Glückwunsch! (Oder etwa doch nicht ...?)

Rauchernerven
haben sich so
an Nikotin gewöhnt,
dass ihnen ohne Nikotin
etwas fehlt.

89. Nikotin

Der Reihe nach: Wenn man eine Zigarette anzündet, gelangt Nikotin in den Rauch. Beim Einatmen kommt es in die Lungen und geht von dort ins Blut über. Nun verteilt sich das Gift im ganzen Körper und stört die Nerven: Man bekommt weiche Knie, der Darm rumort, es wird einem schwindlig und übel. Pfui bah!

Doch manche halten das Rauchen leider für cool. Also üben sie es so lange, bis ihre Nerven gegen Nikotin abstumpfen. Jetzt wird ihnen vom Rauchen nicht mehr schwindlig. Sie müssen auch nicht mehr husten. Stattdessen schaffen sie es, sich trotz des Nikotins normal zu fühlen. Doch nach jeder Zigarette baut der Körper das Nikotin wieder ab. Und dadurch fühlen sich Raucher nun unwohl: Sie werden nervös, gereizt und unsicher, und sie spüren eine doofe Leere im Bauch – sie bekommen leichte Entzugserscheinungen! Klar, denn ohne Nikotin fühlen sich ihre stumpfen Nerven jetzt nicht mehr normal. Und schon bald klickt wieder das Feuerzeug …

Doofes Gefühl

Nikotin rein, doofes Gefühl weg,
Nikotin raus, doofes Gefühl kommt wieder,
Nikotin wieder rein ...

90. Kettenrauchen

Ohne Zigarette hat ein Raucher also das doofe Gefühl, dass ihm etwas fehlt. Und sobald er wieder raucht, ist das doofe Gefühl für kurze Zeit verschwunden – er hat seinen Entzug gestillt. Doch weil sein Körper das Nikotin jetzt wieder abbaut, kommt das doofe Gefühl bald zurück. Und wieder greift der Raucher zur Zigarette. Er steckt in einer Kettenreaktion: Nikotin rein, doofes Gefühl weg, Nikotin raus, doofes Gefühl kommt wieder, Nikotin wieder rein. Eine Zigarette führt also zur nächsten und zur nächsten und zur nächsten. Eine dumme Sache ...

Doch weil es dem Raucher ohne Zigaretten schlechter geht als mit, denkt er, dass ihm die Zigaretten schmecken und ihn entspannen. Dabei stillt er damit bloß einen Entzug, den er als Nichtraucher niemals hatte! Im Gegenteil: Nichtraucher fühlen sich ohne Zigaretten viel besser, denn ihre Nerven sind ja gesund! Es ist fast so, als hätten die armen Raucher ständig einen lästigen Juckreiz, den sie mit Zigaretten für kurze Zeit wegkratzen können. Doch dann kommt der Juckreiz wieder. Und die Raucher müssen sich wieder kratzen. Denn der Juckreiz geht von den Zigaretten nicht weg, sondern er kommt von den Zigaretten ...

Neunte Zusam

(für gesunde Schweinehunde)

Zucker + Fett = Insulin rauf = Fett in die Fettzelle!

Oft essen wir Zucker und Fett gemeinsam, ohne es zu wissen!

Süße Getränke machen Hunger; koffeinhaltige Getränke machen Durst.

! 1) Iss nur, wenn du Hunger hast! 2) Iss weniger Süßes! 3) Iss mehr Salat und Gemüse! 4) Trenne süß und salzig! 5) Viel trinken! 6) Weniger Fast Food! 7) Nicht nebenher essen! 8) Viel bewegen!

enfassung

Bist du viel dünner als andere und hältst dich trotzdem für zu dick? Vorsicht, Ess-Störungs-Gefahr!

Problem: Bedürfnis nach Droge. »Lösung«: Droge nehmen. Folge: Körper baut Droge ab. Problem: neues Bedürfnis nach Droge …

Rauchen ist eine Sucht. Raucher sind abhängig von Nikotin.

Rauchernerven haben sich so an Nikotin gewöhnt, dass ihnen ohne Nikotin etwas fehlt.

Nikotin rein, doofes Gefühl weg, Nikotin raus, doofes Gefühl kommt wieder, Nikotin wieder rein …

Tabakkonzerne verdienen mit der Nikotinsucht Geld.
Jeden Tag. Für viele Jahre. Dein Geld?

91. Gib mir dein Geld!

Also: Raucher brauchen ihre Kippen, um sich normal zu fühlen. Sie leben in einer lästigen Kettenreaktion und müssen sich immer wieder Nikotin zuführen. Deshalb kaufen sie Zigaretten. Und weil Raucher meist jahrelang süchtig bleiben, geben sie dafür Tausende Euro aus – nur um sich so zu fühlen wie Nichtraucher: nämlich frei von Entzugserscheinungen.

Raucher stecken also in einer Falle – und diese Falle ist beabsichtigt! Denn wer bekommt das viele Geld? Die Tabakindustrie! (Und der Staat in Form von Steuern.) Schließlich sind Zigaretten ein fast »ideales« Produkt: Sie sind klein und handlich, billig zu produzieren, teuer wieder zu verkaufen, haben weltweit Millionen Dauerkunden (Süchtige), werden jeden Tag verbraucht und dann wieder neu gekauft. Was für eine Geldmaschine! Doch leider stirbt jeder vierte Raucher an den Krebsstängeln. Also müssen sich die Tabakkonzerne Rauchernachwuchs suchen: am besten Kinder und Jugendliche! Denn die können am längsten zahlen und lassen sich leicht für dumm verkaufen (oder etwa doch nicht?).

Cool?

Zigarettenwerbung behauptet, Rauchen wäre cool.
Dabei sind Raucher alles andere als cool.

92. Vorsicht, Gehirnwäsche!

Wie bringt man Kinder und Jugendliche zum Rauchen? Man erzählt ihnen, dass Raucher cool und erwachsen sind! Jahrzehntelang hat die Tabakindustrie genau das getan. Sie hat überall Werbung gemacht: in Zeitschriften, im Kino, auf Plakatwänden und so weiter. Und dabei hat sie die üblichen Werbetricks angewendet: schöne Stimmungen, coole Situationen oder witzige Szenen gezeigt – mit Zigaretten und vielen »lässigen« Rauchern. Die reine Gehirnwäsche. Und lauter innere Schweinehunde haben die Lügen geglaubt und die Werbung nachgelabert: »Rauchen ist cool, sexy, erwachsen …« Und so weiter.

Dabei sieht die Wirklichkeit ganz anders aus! Die meisten Raucher sind so abhängig, dass sie fast nichts mehr ohne Zigaretten tun können: entspannen, Pause machen, nachdenken, Kaffee trinken, warten, fernsehen, telefonieren – bei fast jedem Anlass greifen sie zur Zigarette. Und wehe, sie müssen mal ohne auskommen oder sollen das Rauchen ganz aufhören! Dann werden aus coolen Cowboys sehr schnell ängstliche Jammerlappen: nervös, unsicher und kleinlaut …

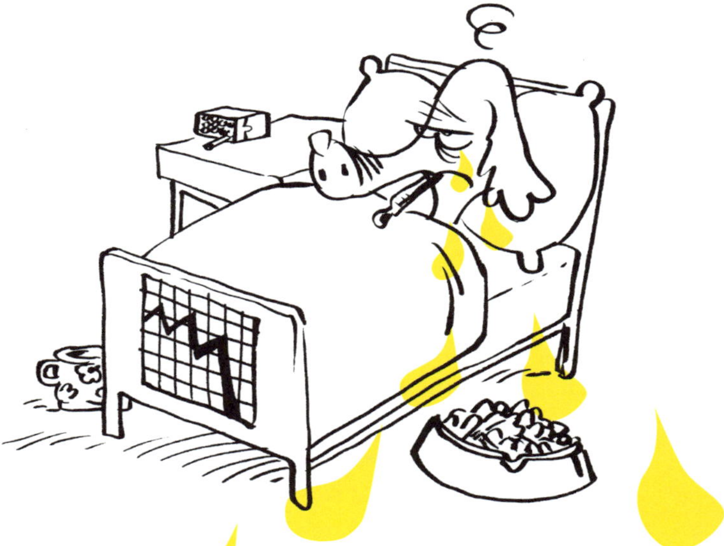

Rauch enthält viele Schadstoffe.
Rauchen macht krank.

93. Die liebe Gesundheit

Leider atmen Raucher lauter fiese Schadstoffe ein: Kohlenmonoxid, Teer, freie Radikale, Cadmium und so weiter. Sobald man Zigaretten nämlich anzündet, entstehen etwa 4000 chemische Substanzen – teilweise hochgiftig! Einige Stoffe mischt die Tabakindustrie sogar absichtlich in die Zigaretten rein, um die Sucht zu steigern: zum Beispiel ekliges Ammoniak, damit Nikotin noch schneller ins Blut kommt. Oder Zucker und Schokolade, damit der Tabak nicht ganz so stinkt (leider entsteht daraus beim Verbrennen Krebs erregendes Acetaldehyd). Oder, oder, oder.

Klar, dass das Probleme macht: Raucher stinken, haben gelbe Zähne, können nicht mehr richtig riechen und schmecken, sind ständig erkältet, kriegen Raucherhusten, weniger Luft, zähflüssiges Blut, verengte Arterien und, und, und. Nach ein paar Jahren drohen schließlich Herzinfarkt, Schlaganfall und Krebs. Also wollen viele Raucher mit dem Rauchen wieder aufhören – schließlich machen sie sich Sorgen um ihre Gesundheit und fühlen sich schlapp und leistungsschwach. Nur: Süchtige kriegen ohne ihre Droge Angst. Und das macht das Aufhören schwer ...

Mit dem Rauchen aufhören? Es ist leichter, als du denkst:

Lass es einfach sein!

94. Weg mit den Kippen!

Also lass dir keinen Blödsinn mehr erzählen: Finger weg von Zigaretten! Und falls du rauchst, dann hör wieder damit auf! Denn du musst nur die Kettenreaktion unterbrechen. Zünde dir also einfach keine neue Zigarette mehr an! Du wirst sehen: Schon bald ist das doofe Gefühl wieder verschwunden, denn die Nerven erholen sich schnell. Und schon nach ein paar Tagen bist du wieder ein leidenschaftlicher Nichtraucher – denn nun wirst du besser riechen und schmecken können, mehr Luft und Kraft haben und dich auch ohne Zigarette sicher fühlen. Ach ja: Auch das Krankheitsrisiko geht wieder zurück. Und natürlich schmecken auch die Küsse von Nichtrauchern viel besser … Also los, trau dich!

Übrigens: Manche rauchen auch Joints. Das sind selbst gedrehte Zigaretten, in die man eine Droge namens »Cannabis« reinmischt. Cannabis ist im so genannten »Hasch(isch)« oder »Marihuana« enthalten (man nennt es aber auch »Gras«, »Dope« oder »Shit«). Und wenn man Cannabis raucht (das nennt man »Kiffen«) oder isst, wird einem alles ein bisschen egal. Man fühlt sich seltsam und kann nicht mehr richtig klar denken – was man aber selbst nicht bemerkt. Peinlich!

Hasch macht lasch.

95. Kiffen

Zu viele Joints vernebeln Günter schließlich den Verstand: Er wird immer lahmer, fauler und planloser. Schon bald sagt er ständig: »Ist mir egal!« Dann interessiert den Kiffer nichts mehr, und er hängt nur noch lahm herum und kriegt nichts mehr auf die Reihe – ob mit oder ohne Joint. Und nicht nur das: Manche bekommen sogar richtig schwere Psycho-Störungen! Dann sehen sie Dinge, die es nicht gibt, fühlen sich bedroht oder verfolgt und haben schreckliche Angst. Besser also, du lässt die Finger davon …

»Okay!«, sagt Günter. »Ich habe keine Lust auf Zigaretten. Und auf Joints schon gar nicht.« Prima, dann gleich zum Alkohol. »Alkohol? Was soll denn am Alkohol schlimm sein? Damit ist man doch gut drauf!« Na ja, nur wenn man sehr wenig davon trinkt. Dann steigt nämlich die Stimmung, und Günter fühlt sich für kurze Zeit groß und stark. Also will Günter immer mehr davon trinken. Und schon fangen die Probleme an: Man redet nonstop und kann sein Verhalten nicht mehr einschätzen. Bald beginnt man zu lallen und zu torkeln, und man wird müde.

Alkohol macht dumm, krank und abhängig.

96. Saufen

Je mehr Alkohol man trinkt, desto unangenehmer wird es: Man kann nicht mehr richtig sehen, hören und denken, und es wird einem so schlecht, dass man sich erbrechen muss oder Durchfall bekommt – guten Appetit! Und weil Alkohol den Körper entwässert, trinkt man davon immer mehr (zum Beispiel Bier, das also gar keinen Durst löscht, sondern ihn hervorruft). Doch wenn Günter nicht mehr spürt, wie schlecht es ihm geht, droht eine (tödliche) Alkoholvergiftung – oder zumindest furchtbare Kopfschmerzen am nächsten Morgen: der so genannte »Kater«.

Langfristig gewöhnt man sich schließlich ans Saufen, und Günter braucht nun bei jeder Gelegenheit wieder einen Drink: Ärger? Erst mal was trinken! Mut? Nur mit Alkohol! Sorgen? Gehen im Suff weg! Auch die Nerven gewöhnen sich an das Zeug. Und wenn nichts mehr zu trinken da ist, werden Säufer nervös, sie schwitzen und zittern. Bald werden sie immer kränker, dümmer und unglücklicher. Obwohl dir die Werbung natürlich das Gegenteil erzählt: Da ist Bier meist »frisch«, hat Wein »Geschmack« und sind Alkopops »cool«! Ob man dich abhängig machen will?

Ecstasy und Kokain machen schlaff, panisch, süchtig, dumm und krank.

97. Ecstasy und Kokain

Ziemlich fies sind auch Aufputschmittel, wie zum Beispiel Ecstasy (oder »XTC«, »Adam«, »Eve«, »E«, »Love«, »Pille« genannt). Das schlucken manche, um stundenlang wach bleiben und tanzen zu können. Zunächst unterdrückt das Zeug nämlich die Müdigkeit. Außerdem macht es Günter offener für die Schweinehunde anderer Menschen, sodass du denkst, alle Menschen wären dir ganz nah. Doch weil man kaum Hunger und Durst spürt, trocknet der Körper leicht aus und man riskiert eine Überhitzung. Außerdem bekommen manche davon Halluzinationen (also starke Wahrnehmungsstörungen). Und nach der Drogenwirkung ist erst mal das große Jammern angesagt: miese Stimmung, Müdigkeit und Angst. So, dass Günter bald die nächste Pille braucht ... Schon bald drohen dauerhafte Leber-, Nieren- und Nervenschäden.

Ein anderes Aufputschmittel ist Kokain (nennt man auch »Schnee«, »Koks«, »Puder« oder »Star Dust«). Wenn man sich das weiße Pulver in die Nase schnupft, fühlt sich Günter für kurze Zeit glücklich, wach, selbstbewusst und aufgedreht – nur hinterher leider unruhig, aggressiv, ängstlich, traurig und erschöpft. Klar, dass Günter dann gleich wieder schnupfen will: Er kommt nicht mehr davon los!

Heroin
macht stark abhängig,
unglücklich, krank
und kriminell.

98. Heroin

Auch Heroin ist eine ziemlich miese Droge. Die meisten Abhängigen spritzen es sich in die Venen (es kann aber auch geschnupft oder geraucht werden) – und da fangen die Probleme auch schon an: Die Spritzen führen oft zu eitrigen Entzündungen, Geschwüren und hässlichen Hautkrankheiten. Und wer sich die Spritzen mit anderen teilt, riskiert sogar Infektionen mit dem AIDS- oder Hepatitis-Virus (verursacht eine lebensbedrohliche Leberentzündung).

Sobald die Droge im Blut ist, fühlt sich der Junkie erst mal eine Weile gut gelaunt, locker und entspannt. Doch dummerweise macht das Zeug manchmal bewusstlos und unterdrückt die Atmung, sodass man daran ersticken kann. Und sobald die Rauschwirkung wieder nachlässt, gibt es fiese Entzugserscheinungen: Nervosität, schlechte Stimmung, Herzrasen, Schmerzen, Durchfall und so weiter. Diesen Entzug kriegt der Junkie kurzzeitig mit Heroin wieder weg. Also setzt sein innerer Schweinehund alles daran, um an die nächste Spritze zu kommen: lügen, betteln, stehlen – schließlich muss das Gift ja auch gekauft werden …

Finger weg von allen Drogen,

dein Leben gehört dir!

99. Drogen sind Müll

»Okay, ich habe verstanden«, versichert Günter. »Finger weg, wenn dir jemand Drogen andrehen will!« Super, der Schweinehund hat es geschnallt. Auch bei anderen Drogen wie »Psilos«, »Speed«, »Crystal«, »LSD«, »Meskalin«, »Lachgas«, »Pilzen«, »GHB«, »Crack« oder »Freebase« steckt immer der gleiche Mechanismus dahinter: Sie machen abhängig, krank und weich in der Birne.

Günter ist erleichtert. Er hat verstanden: Dein Leben ist ein Abenteuer – voller spannender Momente, Gefühle, Chancen und lauter Veränderungen. Denn das Leben ist eine Abfolge von Augenblicken – und welche Augenblicke das sind, kannst du zum großen Teil selbst bestimmen. Wenn du es schlau anstellst, erlebst du genau das, was du erleben willst. Und du erreichst, was du erreichen willst. Also sei gut zu dir selbst und zu anderen, erledige deine Pflichten und nutze deine Freizeit! Aber überwinde auch immer wieder deine Ängste und mach dir nicht zu viele Sorgen! So entwickelst du dich ständig weiter.

Günter ist jetzt ein ausgebildeter Schweinehund.
Jetzt weiß er wirklich, was gut für dich ist.

100. Günter heute

Das ist Günter. Günter ist dein innerer Schweinehund. Er lebt in deinem Kopf und bewahrt dich vor allem Übel dieser Welt. Mittlerweile weiß er, was gut und was schlecht für dich ist. Und immer, wenn du etwas Neues lernen oder dich mal anstrengen musst, ist Günter zur Stelle: »Lass mich dir helfen!«, sagt er dann, »Das wird bestimmt spannend!« oder »Das schaffen wir schon!«.

Und wenn du mal nicht weiterweißt oder zögerst und zauderst, ist dein Freund Günter zur Stelle. Dann fragt er dich: »Was würdest du tun, wenn du wüsstest, dass du damit auf jeden Fall Erfolg hättest?« Denn Günter glaubt an dich. Er ist der festen Überzeugung, dass du alles schaffen kannst, was du willst – solange du dein Wissen in die Tat umsetzt. Denn Wissen, ohne danach zu handeln, heißt, nicht zu wissen … Und die beste Möglichkeit, die Zukunft vorherzusagen, besteht immer noch darin, sie zu erfinden. Also hör auf, zu zögern und zu zaudern, und nimm dein Leben selbst in die Hand! So gibt dir Günter auch weiterhin gute Tipps, und du freust dich auf jeden neuen Tag.

Zehnte Zusam

(für fitte Schweinehunde)

Tabakkonzerne verdienen mit der Nikotinsucht Geld. Jeden Tag. Für viele Jahre. Dein Geld?

Zigarettenwerbung behauptet, Rauchen wäre cool. Dabei sind Raucher alles andere als cool.

Rauch enthält viele Schadstoffe. Rauchen macht krank.

Mit dem Rauchen aufhören? Es ist leichter, als du denkst: Lass es einfach sein!

Hasch macht lasch.

nfassung

Alkohol macht dumm, krank und abhängig.

Ecstasy und Kokain machen müde, traurig, ängstlich und krank.

Heroin macht stark abhängig, unglücklich, krank und kriminell.

Finger weg von allen Drogen, dein Leben gehört dir!

Günter ist jetzt ein ausgebildeter Schweinehund. Jetzt weiß er wirklich, was gut für dich ist.

Buchtipps

Baum, Thilo: 30 Minuten für gutes Schreiben. Offenbach: GABAL, 2004

Frädrich, Stefan: Günter, der innere Schweinehund. Ein tierisches Motivationsbuch. Offenbach: GABAL, 2004

Frädrich, Stefan: Luft! Ganz einfach Nichtraucher. München: Droemer-Knaur, 2004

Frädrich, Stefan: Günter lernt verkaufen. Ein tierisches Businessbuch. Offenbach: GABAL, 2005

Frädrich, Stefan: Günter wird schlank. Ein tierisches Diätbuch. Offenbach: GABAL, 2006

Gemmer, Björn / Konnertz, Christiane: Hausaufgaben – fit in 30 Minuten. Offenbach: GABAL, 2005

Hipp, Barbara: Selbstbewusstsein – fit in 30 Minuten. Offenbach: GABAL, 2003

Konnertz, Christiane und Dirk: Klassenarbeiten – fit in 30 Minuten. Offenbach: GABAL, 2005

Seiwert, Lothar J. / Konnertz, Dirk: Zeitmanagement – fit in 30 Minuten. Offenbach: GABAL, 2005

Strunz, Ulrich / Konnertz, Dirk: Fitness – fit in 30 Minuten. Offenbach: GABAL, 2000

Mit diesem Buchprojekt, das durch die Zusammenarbeit der Mentor Stiftung Deutschland mit dem GABAL Verlag und dem Autor Dr. Stefan Frädrich ermöglicht wurde, wollen die Partner einen wichtigen Beitrag für die gesunde Entwicklung junger Menschen leisten. Mit jedem verkauften und gelesenen Buch wird einem Schüler, einer Schülerin die Chance auf eine bessere Zukunft gegeben. Zusätzlich fließt für jedes verkaufte Buch eine Spende von 1,50 Euro an Mentor.

Mentor Deutschland ist ein wichtiger Partner der Mentor Foundation International, deren Präsidentin Königin Silvia von Schweden ist. Mentor setzt gemeinsam mit Experten aus Praxis und Wissenschaft Projekte um, die dem nachhaltigen Schutz von Kindern und Jugendlichen vor Drogen- und Suchtgefahren dienen. Die Verbreitung, Durchführung und Multiplikation von Präventionskonzepten, die Initiative zum nationalen und internationalen Austausch z. B. im Rahmen von Kongressen sowie der Aufbau von Netzwerken sind vordringliche Aufgabe der Stiftung. Insbesondere die Schaffung von Strukturen, die Kindern direkt eine gesunde und ungestörte Entwicklung ermöglichen, stehen dabei im Vordergrund. Die Stiftung versteht sich als Sprachrohr der Kinder und setzt sich für deren Belange mittelbar und unmittelbar ein.

www.mentorstiftung.de

Der Autor

Dr. med. Stefan Frädrich (www.stefan-fraedrich.de) ist Autor, freier Dozent und Coach. Er sitzt im Expertenrat der Mentor-Stiftung und ist gern gesehener Gast in den Medien. Stefan Frädrich studierte Medizin, promovierte mit einer forensisch-psychiatrischen Arbeit und war Arzt in der Uni-Psychiatrie. Dann bildete er sich zum Betriebswirt (IHK) weiter und war in der Geschäftsführung eines mittelständischen Betriebes tätig. Seine Lieblingsthemen sind Kommunikation, Management, angewandte Psychologie und Motivation. Er schreibt gerne (siehe Buchtipps!) und tritt gelegentlich als Schauspieler und Moderator auf.

Das Didaktik-Konzept von »Günter, der innere Schweinehund« setzt Stefan Frädrich auch in seinen Seminaren um. Seine Firmen »Luftfabrik« und »Pigdog« (www.nichtraucher-in-5-stunden.de) führen im gesamten deutschsprachigen Raum sehr erfolgreich Nichtraucherseminare durch.

Der Illustrator

Timo Wuerz ist freier Designer, Illustrator und Künstler (www.timowuerz.com).

Seinen ersten Clown malte er schon mit knapp zwei Jahren, und seit seiner ersten Ausstellung mit zarten 14 feiert er erstaunlich vielseitige Erfolge: über ein Dutzend Comics und Kinderbücher, weltweit Aufträge für Architektur, Briefmarken, CD-Cover, Corporate Design, Filme, Magazinillustrationen, Poster und Spielzeug sowie die Gestaltung von Themenparkattraktionen. Die Arbeiten von Timo Wuerz sind mittlerweile in mehreren Museen (u.a. San Francisco Museum of Modern Art) zu sehen. Und er macht noch immer alles, was für ihn neu ist und sein Interesse weckt.